独学のススメ

頑張らない！「定年後」の学び方10か条

若宮正子

世界最高齢プログラマー

中公新書ラクレ

はじめに

もう一度、お勉強、始めてごらんになりませんか。

人生100年時代。6歳から15歳までに義務教育で学んだことは、大方忘れてしまったことでしょう。

また、今の世の中、やたらと動きが激しいですから、若いときに学んだことのなかには、もう陳腐化してしまった知識もあると思います。

なかには「ああ、もう勉強なんてたくさん。二度とやりたくないわ」とおっしゃる方もあるでしょう。学校やご家庭でたっぷり「詰め込み教育」を受けた方かもしれません。無理矢理に「強制給餌」をされて育ったガチョウさんが、二度と濃厚な餌をほしがらないように、勉強と聞いただけでウンザリされるかもしれません。

これからお話しする「独学」は違います。

誰かに強制されてやるのではなく、自分からやる勉強です。

「それじゃあ、お教室に通ったり、先生に習ったりしちゃいけないの？」とお聞きになりたい方もおられると思います。

ここでいう「独学」では「教室に通うか」「先生に習うか」ということは問題ではないのです。

「独学」とは、勉強する本人が主体性を持って、自分で「なにを学ぶか」「どのようにして学ぶか」を決めて勉強することなのです。

人間誰しも、楽しいことは長続きします。まずは「あなたが学んでみたかったこと」「あなたにとって楽しいこと」から始めてごらんになってはいかがでしょうか。

自己紹介が遅れました。私は今、世界最高齢プログラマーなどといってにわかに注目を集めるようになりましたが、プログラミングを学び始めたのは80歳を過ぎてから。高校を卒業してから60歳で退職するまで銀行員として働いて、定年後に超我流でつくったゲームアプリ「hinadan（ひなだん）」が米マイクロソフトや米アップルの目に留まり、国際的な大きな会議に招かれたり、政府の「人生100年時代構想会議」の最年長有識者メンバーにも選ばれたりして、82歳から人生が激変しました。けれど、これらはいってみれば、すべて頑張らない「独学」から始まったこと。楽しいこと、好きなことに飛び込めば世界は変わります。

「趣味がない」「やりたいことがない」なんてしょんぼりしなくて大丈夫。やりたいことはきっと見つかります。

この本は、そういう方のために、ヒントになりそうなことを書いてみました。少しでもお役に立てましたら幸いです。

目次

トラベルはトラブル!?
でも、大丈夫!
東ドイツ深夜の列車の中で
帰りのバスがない!
見知らぬ町で見知らぬひとに助けてもらう
マーチャンのめちゃくちゃなプログラミングに
友達がぶっ飛ぶ

第2条

飽きたらやめちゃえ

「ものにしよう」なんて思わない
75の手習い。
そうだ、ピアノを習おう
介護しながらおしゃべりしたい。
パソコンを買ってみた

第5条

「やりたいこと」の見つけ方、お教えします

たとえば、
まわりのひとが喜ぶこと

プログラミングで、
イノシシを捕獲！
徘徊するひいおじいちゃんを探すアプリ
シニアのための電子工作セミナーを開く
元エンジニアなら大活躍できるかも

「お花畑で朝食を」を
実現しちゃったひと
「子ども食堂」のお手伝いも素敵

第6条

ちょっと待った！自分史を書くのはまだ早い

終活、ちょっと待った
ネットの記録が、自分史になる
人生激変！
遺言は紙くずになりまして……
82歳のおばあちゃん、世界の舞台に登場
失うことに傷つかないで。新しいこと、見つかります

第7条

「将来」に備えない。10年経ったら世界は違う

先に苦労すればいいってもんじゃない
親御さんは受験に夢中にならないで
お札を数え間違える私が、
銀行の管理職になったワケ
ＡＩに負けない職業ってなんだろう
単一大量商品、一括生産時代よ、
さようなら
今にプログラミングもＡＩの仕事に？
今、この時を楽しもう
年寄りだからこそ、
かっこつけずにバットを振ろう

第8条

退職してからの、お友達の作り方

独学には、
お友達の力も必要

町内会に老人クラブ。
ダサいなんていわないで

ラジオ体操、ボランティア……
いろいろあります

心の居場所「メロウ倶楽部」。
老人ホームにいてもつながっている

フェイスブックやLINEを
子どもに教えてもらいましょう

「不機嫌老人」にならないで

七歳の孫も
教わるときは先生です

上級編

シニアは、理科と現代社会を学び直そう……

戦争ですっぽり抜けた
小学校の教育

「お年寄りの知恵」の裏には
科学がある

座学より、
ポケモンGOで遊ぶ孫についていこう

コンビニで外国人店員と働いてみたい

脳みそは「自動更新」できません

グーグルに聞けばいいんです

パソコンを始めたのは60歳
ネット社会ならではのゆるい人間関係
出会い系サイトだって
悪いことばかりじゃない
ヒントは「体験」にあり
「独学」が成功の秘訣
脳が喜ぶことを

本文構成／崎谷実穂
巻末対談構成／山田真理
本文ＤＴＰ／今井明子

独学のススメ

頑張らない！「定年後」の学び方10か条

第1条

バンジージャンプじゃあるまいし、こわがらずに飛び込んでみよう！

なんたって「旅」！
アメリカの牧師さんについて歩く

私が「独学」としてまっさきに思い浮かべるのは、海外旅行です。のっけから、ペンも参考書も登場しなくてすみません。でも旅は本当に多くのことを教えてくれるものです。いったことがないところへの旅行は、すべてが初体験。あらゆることが刺激になります。

70歳にして、保険会社の会長職から立命館アジア太平洋大学の学長へと転身された出口治明さんは、社会人を成長させるのは「人・本・旅」だとおっしゃっています。それは私も大賛成。そして旅にはひととの出会いもあるので、なんといっても旅が一番だと思います。

思い出深いのは、1979年のミュンヘン旅行で出会った牧師さんのことです。ああ、もう40年も前のことなのですね。私はその日、朝一番の列車に乗らねばならず、朝6時から南ドイツ、ミュンヘンの鉄道駅の近くの宿で朝食を食べていました。そうしたらまたま同じ宿に泊まっていた牧師さんも、早い列車に乗るからと同じ時間に朝食をとっていたのです。アメリカ出身の牧師さんで、偶然にも親日家。しかも、牧師さんはひとに伝えることを仕事としているので、ゆっくりとした丁寧な英語を話してくださる。私の拙いリスニング能力でも、なにをいっているか十分聞き取れ、会話がはずみました。

その場で意気投合し、牧師さんから「アメリカに遊びにきませんか」というお誘いが。こういうチャンスにはひょいとのっかるのが、マーチャン流（マーチャンというのは、私のハンドルネーム／ニックネームです）。さっそく翌年にいくことにしました。その牧師さんはコネチカット州の牧師館にお住まいだったので、そこに泊めていただいたのです。

着いた日に牧師さんと奥さまは、私に気を使って「ニューヨークにいって、ブロードウェイで舞台を観ますか？」「音楽が好きなら、カーネギーホールにいきたいですか？」といろいろ聞いてくださいました。でも私は「いいえ、私は牧師さんがいらっしゃるところにどこでもいいからついていきたいです」と答えました。牧師さんは「私が貧乏牧師だから遠慮していっているのか」と聞いておられました。これは本心です。ミュージカルよりもコンサートよりも、私はアメリカの牧師さんや信者の方がなにを考え、どういう生活をされているのかに興味津々だったのです。

そこから１週間は、牧師さんと一緒に保育園やホスピスなどを訪問しました。特に印象的だったのは、当時はまだ日本にはなかったホスピスです。牧師さんは、死を目前にしたひとの切実な訴えを聞き、できることは叶えてあげようと努力をしておられたのです。そういう精神的なケアをする施設はまだ日本に存在していなかったので、驚きました。牧師さんについていけば、知らなかったアメリカの一面が見られるに違いないと思ったのは正しかったのです。牧師さんについて歩くことでアメリカのひとたちの多様性、宗教家の果たす役割などを知ることができました。

パックツアーは「大名行列」。独りで「冒険」しよう

こうしたことは、旅行会社のパックツアーでは絶対に味わえません。パックツアーは、すべてがお膳立てされていて確かに安心。でも、そこに私の求める旅の醍醐味はないのです。

パックツアーでの観光って、大名行列みたいではないですか? ぞろぞろとスケジュールに合わせて、効率よく観光地をまわるだけ。大名行列だったら、途中でよい景色の場所があったとしても、お殿さまが籠からおりてフラフラそのへんを探索したりはしないですよね。町人と話したりもしない。もちろん、他の領内の今年の作柄を聞いたりしちゃあいけないんです。

殿さまが、そんなことに関心を持つと、家来に嫌われたりして。ただ、すーっと景色

を眺めて終わり。まあ、私がもし大名だったら、籠を止めて自由に歩かせてもらいますけれど。もちろん土地の名物を、屋台で味わったりもしたいですよね。

でも、マーチャン、もし道に迷ったらどうするの？　心配じゃない？

旅がいいのは、なんたって新しい環境に飛び込んで、たくさん失敗できること。失敗なんてしたくない？　そんなこといわないでください。失敗は、成功の何倍もの学びをもたらしてくれるものです。避けていちゃもったいない。

最近は、子どもを失敗させたくない親御さんが増えているようで少し気になります。失敗を避けて、自分のできることばかりやっていたら、その子に成長の機会が訪れないからです。人生は、挫折があるからこそ、多面的で奥深いものになる。大人になって致命的な挫折を経験するよりも、子どものうちから少しずつ失敗を積み重ねていったほうが、私はいいと思います。

トラベルはトラブル!? でも、大丈夫！

さて、「トラベルはトラブルよ」なんていうひとがあります。それくらい、旅にトラブルはつきもの。いくつか、私が経験したトラブルをご紹介しましょう。

たとえば、アメリカの空港で麻薬所持犯と間違われたこと。旅行にいく前に少し風邪を引いたので、お医者さまから頂いた風邪薬をハンドバッグに入れていたんです。そうしたら、その薬が麻薬ではないかと疑われてしまいました。成分検査をするからその間待機していろとのご命令。しかも、スーツケースの中を、下着からなにから全部出せといわれてしまいました。

成分検査で麻薬ではないことは証明できたのですが、そろそろ乗り継ぎの飛行機の出発時間が迫ってきました。今度は私が主張する番です。日本語と英語をごちゃまぜにして「あれに乗らなくちゃいけないの！」と騒いだら、空港スタッフが「そりゃ大変」と協力してくれました。

スーツケースに荷物を詰め込んでくれたひと（慌ててぐちゃぐちゃに詰め込んだので蓋が閉まらなくなったのを無理矢理閉めて、シャツの一部分がはみ出していましたが）、「これからもう１人乗るからドアを閉めないでくれ」と連絡してくれたひと、トランクを持ってくれたひと、私を引っ張ってくれたひと、みなさんの協力でなんとか飛行機に乗ることができました。これが、50代後半の一人旅での出来事です。ね、なんとかなるものなんですよ。

東ドイツ深夜の列車の中で

あとは、５年前のフランスで乗った鉄道のストライキ。私は鉄道での旅が好きなので、過去何回もストライキにあたっています。

そのときは電車が動いたり、停まったり。ペルピニャンというピレネー山脈の麓の駅でおろされてしまいました。そんなところにいく予定ではなかったんですけど、「これが、かの有名なピレネー山脈ね」なんて感心したりして。思いもかけない体験ができた、という点ではよかったのかもしれません。

イタリアでストライキにあったとき、たまたま近くの席に日本人のフルムーンっぽいカップルが乗っていらっしゃいました。ブツブツいう奥さまに「イタリア名物は、パルメザンチーズばかりではない。鉄道ストもイタリア名物なのだよ。そんな名物に、のっけから出会えるなんて俺たちはなんて幸運なんだ」といっておられた。私は感動しました。

予定通りに、旅程をこなせなかったら旅は失敗でしょうか。そんなことはないです。思いもかけない街を見られます。思いもかけない宿に泊まれます。すばらしい人々にも出会えます。

まだ、ベルリンの壁があった頃の話です。当時の東ドイツを旅しました。もちろん個人旅行です。ただ、あらかじめ国営の旅行会社ですべてのホテルを予約して、バウチャー（予約確認書）をもらってからでないとビザの申請ができないという不便さがありましたが（ロシアは今でもこのやりかたです）。「へえ、そんなことできたんだ。でも、国営の旅行会社でしょう。官僚的だったでしょう」といわれますが、決してそんなことはなかったです。愛想はありませんが「仕事きっちり」でしたので、特に嫌な思いをしたことはなかったのでした。ところがこの時は、たまたま、メーデーの時期と重なってしまったためか、ベルリンのホテルがとれていないことがわかった。彼らが見つけてくれたのはマグデブルクのホテル。

当時、マグデブルク行きの列車は本数が少なく時間もかかったので、到着は23時を過ぎてしまいます。車内はすっかり夜になりました。「外国の列車の中で眠ってはいけない」とは知っていましたが、社会制度の違う国での滞在が1週間近くなると少しは疲れもたまります。しかも車内暖房が、眠りを誘うのです。ウトウトッとしてハッと気がついて姿勢を正す。そのうちにまた、ウトウトしかける。

車内のむくつけき男性たちがなにやらヒソヒソ話していました。なんだかちょっと不穏です。一番年かさのおじさんが、ドイツ語のわからない私に、身振り手振りで話しかけます。「どこまでいくんだ。マグデブルクか、そうか。終点までだな。いいから眠れ。

駅にきたら必ずおろしてやる。俺は、次の駅でおりるが、その先のことはあの窓際に座っているやつに話しておいたから安心しろ。安心して眠れ、じゃあな。お休み」といっておりていきました。

また眠ってしまいました。誰かが私の肩をとんとんと叩きます。さっきとは別のおじさんです。「俺もここでおりるからな。あとはあいつが引き受けてくれた」といっておりていきました。またまた眠ってしまいました。また肩を叩かれました。「あと、8分でマグデブルクだ。支度をしろ」といっているようでした。駅に着くと彼は駅近くのホテルまでついてきてくれました。私が無事、ホテルの玄関の中に入りますと、彼は闇の中に消えていきました。

夜中の車中で三人のドイツ人のおじさん……。ちょっと怖かったのですが、本当にただ親切だっただけなのです。「東ドイツのひとたちは親切だ。めったにひとを裏切らない」という話は聞いたことがありました。それを身をもって体験しました。

こういう体験は、貴重です。貴重な「学習」です。本にも書いてないし、新聞やテレビでも、あんまり放送されませんから。

帰りのバスがない！
見知らぬ町で見知らぬひとに助けてもらう

私は海外旅行をする時、行きと帰りの飛行機は決めていきますが、その間の日程はあまり予定を立てないんです。泊まるところすら、いってから考えることも多い。もちろん、予約しないと観られないものや乗れない乗り物などは予約しますが、それ以外は行き当たりばったり。それでもなんとかなるものですよ。ヨーロッパやオセアニアなんかは、いくらでもホテルやゲストハウスがあるので、大丈夫です。

あるヨーロッパ旅行の時なんかは、電車の向かいの席に座っておられた尼さんに、「今日、静かなところに一泊したいのだけれど、おすすめの町はありますか？」と聞いてみたんです。そうしたら、いかにもひとの良さそうなその尼さんはおすすめの町の名前とそこにいくための降車駅も教えてくれました。

駅からバスでその町にたどり着くと、確かに山の中の静かな町でした。ところが、シーズンオフということで、小さな民宿が一軒だけしか営業していません。ディナーは電子レンジで解凍したピザとワインだけ。さて、翌日の土曜日にバス停にいってみると、「バスは明後日の朝にしかこない」と。なんと、私が乗ったバスはスクールバスだったんですね。だから土日は走っていないのです。でも、私はその翌日にパリの空港から日本に帰る予定だったので、さあ大変。

じゃあタクシーはどうなのか。町のひとはみんな親切で、私が困っているのがわかると親身になって協力してくれるんです。手分けしてタクシーを探したら、一軒だけ見つかりました。車がここにくるのかと思いきや、みんなが向かったのは運転手さんの家。ドアを叩いたら、おじさんがパジャマの上に革ジャンを羽織り、手には歯ブラシを持って「いったい何事だ」と出てきました。

どうやら、そのおじさんが個人タクシーの運転手をやっているようです。私の事情を話し、どうしても国境の駅までいかなければと伝えると「わかった、5分待て」と。5分後、自分の車を出して乗せてくれました。

道中は、アルプスの山道を通るので、ヘアピンカーブのオンパレード。しかも全然スピードを落とさないんです。もう、谷底に落ちるんじゃないかとハラハラしました。運転手さんは、なにかいってるんですが、フランス語なので私にはよくわからない。たぶん、「ここは俺の庭みたいなもんだから、任せておけ！」みたいなことをいっていたんじゃないでしょうか。

飛ばしてくれたおかげで、列車に間に合い、無事、翌日の成田行きの飛行機には乗れました。おじさんと町のひとには感謝です。言葉がわからなくても、必死でなにかを訴えれば伝わるということ、交通手段がないからといって諦めずに、他の方法をよく探せば見つかるということを覚え、そしてなんといっても、この旅では度胸が身につきました。

私がこんな自分の珍道中について書いているのは、単なる与太話というわけではないんです。こんなふうに、新しいところに身一つで飛び込んでも、意外となんとかなるということを知ってほしい。

新しいことにチャレンジするのは、こわいこと。それもわかります。でも飛び込んでみるったって、バンジージャンプみたいに物理的に飛び込むわけじゃありません。失敗したら死ぬ、というものではないんです。飛び込んだ先には、見たこともない世界や、体験したことがない出来事が待っています。そして、そこにいるひとたちはきっとあなたが困っていたら助けてくれるはずです。

それに、もし、イベントなんかがあって、町内に宿泊施設がとれなくても隣の町にはあるかもしれません。ホテルがなくても民宿やユースホステルでもいいじゃありませんか。

なお、帰国してから調べてみますと、ここは「Oulx-Cesana-Claviere-Sestriere」という町で、近くで冬季オリンピックが開催されたところ。スキーシーズン中や、トレッキングの季節には、それなりににぎわうのでしょうが、思いっきりシーズンオフにいってしまったのでこんなことになったのでしょう。

この話は、結果オーライではありますが、失敗談になります。でも、小さい失敗を重ねながら成長できればそれもいいかな、と思います。

もう一つの教訓。

尼さんには「信仰の道」について尋ねるのはいいが、「観光地情報」なんかを尋ねてはいけない。観光などとは縁の遠いお仕事なんですから。

若い頃はよく海外旅行をしていたというひとでも、中高年になると旅をしなくなってしまうひとが多いですよね。結婚し、子どもができると一人旅は難しくなりますし、何事にも慎重になるのでしょう。でも、大人だからこそ、自分から求めて出かけないと「初めて」の機会も、チャレンジする機会も、なかなかなくなってしまいます。お子さんが大きくなってからでもぜひ、また旅を始めてみてはいかがでしょう。退職したら時間もできますしね。

海外旅行といっても、そんなお金のかかる旅はしなくてもいいんです。飛行機は、格安航空券がネットで予約できます。宿だって安いところをいくらでも選べます。

旅行は、一回の旅で三度楽しめます。まずは「計画を立て、準備する楽しみ」、お次が「本番」、最後が「片付けとまとめ（旅行記を書いたり、写真や動画を編集したり、お世話になった方に御礼のメールを出したり）」です。

準備、たとえばビザの申請などもできれば相手国の大使館へいって自分でやってみてください。これも飛行機代のかからない海外旅行です。いやそれ以上のおもしろさがありますよ。

最近はＶＲ（仮想現実）旅行を楽しんでおられる方もあると思います。ＶＲ旅行では、実際の旅行では見られないもの、体験できないものを体験することができます。おすすめです。ただ実際の旅行でないと「昨日は一日雨、今朝は曇りだったが、次第に雪が晴れて、やっとマッターホルンに出会えた」という時の嬉（うれ）しさは味わえませんが。

マーチャンのめちゃくちゃなプログラミングに友達がぶっ飛ぶ

とりあえず、飛び込んでみたらなんとかなるという経験は、プログラミングを勉強したときもそうでした。まずは、入門書をしこたま買って読んでみる。それが一番手っ取り早い勉強方法ですから。なかでも私は『小学生でもわかる iPhone（アイフォン）アプリのつくり方』という森巧尚さんの本を参考にしました。

でも参考書を読んでも、実際にアプリを作るとなるとわからないことだらけなんです。ここで諦めないこと。プログラミングなんて、最初はわからなくて当然なのですから。

私はもともと、「雛壇（ひな）に雛人形を正しく並べるアプリゲームを作りたい」という動機でプログラミングを勉強し始めました。だから、とにかくそのアプリが作れればよかったんです。スマートなプログラミングができるかどうかは、そんなに問題ではありませんでした。

私のアプリの作り方はこうです。「お内裏さまをこういうふうに動かして、正しい場所に置けたらこういう表示が出て、間違った場所に出たらこういう表示が出るようにしたい」といったイメージをまず持ち、それに合った動きをさせるにはどうしたらいいのか考えます。参考書で調べて、コード（コンピューターに対する命令文）を書いてみるんです。そしてエラーが出てうまくいかなかったら、プログラミングに詳しいお友達にうかがってみる。

そうしたら、私の書いたコードがあまりにめちゃくちゃなので、お友達がぶっ飛んでしまいました。そして、「確認するけど、あなたはプログラマーになりたいの？　それともプログラミングはどうでもよくて雛壇のアプリを作りたいだけなの?」と聞かれたので「雛壇のアプリを作りたい。それだけです」と即答したら、「じゃあこれでもいいか」って。でも、「これは一般的なプログラムの体を成してないから、アプリの登録をする際に、もしかしたらアップル社からアプリの審査ではねられてしまうかも」と教えてくれました。それくらいめちゃくちゃだったんです。

それでも、とりあえず始めてみたからこそ、アプリを完成させることができた。そしてそのことが、私の人生を大きく発展させてくれました。最初から「できるわけない」とプログラミングの世界に飛び込まなかったら、今こうして本を書いていることもなかったでしょう。

まずは、こわがらずに最初の一歩を踏み出すこと。すべては、そこから始まります。

第2条

飽きたらやめちゃえ

「ものにしよう」なんて思わない

私はこれまで、いろいろな習い事や勉強をしてきました。若い頃に習っていたのは、日本舞踊です。でもこれがからっきしダメで。母には「全然ものにならなかった。月謝の無駄遣いね」といわれたことがあります。

どうも、あの西洋音楽とは違う独特なリズムについていけなかったんです。そもそも不器用なので、踊りには向いてなかったんだ、と今ならわかります。踊りの先生が、私に教えていたら血圧が上がってしまったそうですから。

でも、習ったことが無駄だったとは思いません。おかげで、舞踊の伴奏として演奏される「長唄」「常磐津」「清元」の区別はつくようになりました。これらは所作音楽として、歌舞伎の舞台上で演奏されることもあります。だから歌舞伎を観ていると、「あ、長唄舞踊だ」などとわかってより楽しめる。

なにかを習う、学ぶということは、始める前より確実に知識が豊富になるということ。日本舞踊自体がうまくならなかったとしても、得るものはあるんです。

だからこそ、とりあえず「楽しそう」と思ったことには飛びついていきましょう。ずっと続けられて、しかもなにかものになる習い事・学び事を。そんなふうに探していると、いつまでたっても始められません。それこそ、最初にいったように、お金にならない「道楽」でいいんです。やってみて楽しければ、それがきっと正解です。

75の手習い。そうだ、ピアノを習おう

年をとってから、昔やってみたかったことを始めるのもいいと思います。私がピアノを習い始めたのは、75歳から。じつは子どもの頃からピアノに憧れていたんです。当時、ピアノを習っているお友達が何人かいて、「私も弾いてみたい」と思っていました。

でもそんな折、戦争が始まってしまったのです。日本が第二次世界大戦に参戦したのは、1941年。私が6歳のときです。ちょうど、戦争と小学校時代が重なってしまい、ピアノなんて悠長なことをいっている場合じゃなくなりました。

戦争が終わってからも、なかなか時間に余裕ができずそのまま社会人に。そして、仕事に、旅行にと忙しくしているうちに、母親の介護が始まりました。

母が亡くなってから、初めてたっぷり自分の時間が持てるようになり、「そうだ、ピ

アノを習おう」と改めて思ったんです。そして、教室に通うことにしました。

ピアノはさすがに本を読んで独学で一から学ぶ、というわけにはいきません。専門的な技術が必要になる世界ですから。お手本を弾いてもらい、自分で弾いているのを聴いてもらってアドバイスをもらうのが一番の方法でしょう。

一応、今でもレッスンにいけるときはいっています。でも、自宅には本物のピアノがありません。電子ピアノで練習をしています。アパート暮らしですからヘッドホンの使える電子ピアノのほうが気兼ねがなくていいのです。

年なので、手がなかなか動かないという点が壁になります。それでも、やり始めてよかったなと思うんです。

それは、ピアノを使ったいろんな曲に親しむことができるから。そうすると、弾けなかったとしても、楽しみ方が違ってきます。「モーツァルトさんは、きっとこんなことを表現したくて、この曲をこう書いたのね」といったことがわかるんです。それはとてもおもしろいことですよ。

今は、本物の楽器まで手が届かなくても、デジタル機器を使って手軽に楽器を楽しむことができます。iPad（アイパッド）などの「楽器アプリ」の中には、なかなか優れものがあります。私は「お琴」のアプリを使っていますが、音色がなかなかよろしい。おまけに「設定」を変えたり、弾き方を変えたりすることで、本来のお琴にはできなかったことができるのです。

若い頃やっていて、やめてしまったことをまた始める、というのもありだと思います。私はもう、日本舞踊はやりませんけど。楽しかったけれど、なんらかの事情でやめてしまった。それをまた始めるのは、一から始めるよりハードルが低いもの。当時は「なんの役にも立たなかった」と思った習い事でも、蒔（ま）いておいた種が芽を出すように、あとから花を咲かせるかもしれませんよ。

介護しながらおしゃべりしたい。パソコンを買ってみた

パソコンの使い方を学んだこと。これは少しはものになっているといえるかもしれま

せん。今の私の活動は、パソコンがなければ始まっていないものばかりですから。

初めはとにかく、「ネット」が使いたいという一心で、パソコンを買いました。「ネット」というものを使えば、家にいながらいろんなひととおしゃべりできる、と聞いたからです。私は当時、50代の終わり頃でした。退職後には、90代の母を自宅で介護することが決まっていたので、外に出てひとと会う機会が減ってしまうことをおそれていました。

パソコンは、私にとって少しハードルの高い存在でした。それまで、会社でコンピューターを操作したことはなかったんです。パソコンはまだ一般に普及する前でした。しかも、当時のパソコンは高価なもの。周辺機器も含めると、40万円ほどしたでしょうか。それでも、やっぱりやってみたかったので、「えいや!」と買ってしまいました。もう、あとにはひけません。

パソコンのセットアップ(使用準備)も、当時使われていた「パソコン通信」の接続設定の準備をするのも、本当に大変でした。それでも、パソコンがネットにつながり、ネット上の掲示板で「マーチャン、ようこそ」とメッセージが表示されたときは、苦労が吹っ飛んでしまいました。なんてすばらしい技術なんだろう！　と感動したのです。

エクセルで計算なんてしない。図案を描いてみる

そこからは必要に応じて、パソコンを使っていました。その中に、エクセル（表計算のソフト）がありました。お仕事でパソコンを使っているひとには、基本中の基本のソフトですよね。

シニア向けのささやかなパソコン教室でも、私はぜひみなさんに「エクセル」を知ってもらいたいと思いました。ウィンドウズが搭載されているパソコンを使っておられる方に「コンピューターとはなにか」を体験していただくにはエクセルが一番だと思ったのです。しかし、シニアはあまりエクセル学習に興味がないのです。難しそうというだけでなく、すでに引退している女性に役立つ場面、楽しい場面が見つからなかったのでしょう。

エクセルはもともと計算をしたり、表を作成したりするソフトです。シニア向けの講座ではよく、「家計簿をつける」「自分の血圧の数値を入力してグラフにする」といったことが教えられていました。その作業がおもしろいかといわれると……。

そこでふと、「エクセルで図案を描いたらどうだろう」と思いつきました。エクセルには、表を見やすくするために、セル（数字や文字を入れる四角いマス）に色をつけたり、罫線を強調したりする機能があります。この、脇役ともいうべき機能を主役にして、図案を描こうと思ったのです。名付けて「エクセルアート」です。

あくまで私は「手芸」のような感覚でエクセルを楽しめたらいいな、と思っており、デザイン感覚でエクセルアートを続けています。エクセルだと、繰り返しの模様を作るのがとても簡単。なので、花鳥風月や日本古来の文様をヒントにした図案などを作っています。年賀状なども、エクセルアートで作ります。

初めは、紙に印刷してうちわを作ったりして楽しんでいたのですが、最近ではその図案を布にプリントしてドレスに仕立てたりもしています。エクセルアートを始めたのは10年以上前ですが、３Ｄプリンターなど個人のものづくりの技術が進歩して、作れるものがどんどん増えている。画面上だけでなく、触れられる実際の「もの」が作れるようになったのです。これはとても楽しいことです。

「楽しいとき」が独学につながる

私はやっぱり、ものを作るのが好きなんですよね。人さまに売るほどのものではありませんが、身の回りに手作りのグッズがあるだけで、生活が豊かになると感じます。

退職してから「好きなことをやっていいですよ」といわれると、戸惑ってしまうひともいるでしょう。「趣味といえるものはないし、やりたいことも特にない」という方も多いかもしれません。

私はいつでもやりたいことがありすぎて、時間が足りないと思って生きてきました。でも、そういうひとばかりではないのもわかります。

それでもきっと、「これをやっているときは楽しい」というポイントが誰しもあるのではないでしょうか。日常の中での散歩でもいいし、お料理でもいい。だらだらとテレビを見るのが楽しい、でもいいんです。どんな番組でもいいわけではないはずで、そこにはきっとなにか興味の種が隠れているはず。その部分をもとに、もう少し枝を伸ばしてみてはいかがでしょう。

時代劇を見るのが好きなら、時代小説や歴史の本を読むのもいいし、歴史の舞台となった場所に足を運ぶのも楽しいはずです。全国のお城をスタンプラリー感覚でめぐっていくのもいいですね。そうした、自分の心のアンテナが反応する方向を探していくと、独学のヒントが見つかるかもしれません。

お金なんてかからない。俳句はレシートの裏に

こういうと、「好きなことをやるったって、趣味にかけるお金はそんなにないからなあ」といわれることがあります。確かに、テレビを観ているだけだとお金はかかりませ

ん。でも、趣味や独学だってそんなに莫大なお金がかかるものじゃないんですよ。たとえば俳句。これはいかにも趣味という感じがしますよね。私は俳句が好きで、たまに自分でも詠むことがあります。

俳句というのは、コンピューター風にいうと、「圧縮解凍」の文学なんです。どういうことか説明しましょう。まず、作者は心が動いた風景や出来事を17文字に「圧縮」します。到底17文字では書ききれないことを、ギュッと縮めるわけです。そして、今度はその句を読んだひとが、圧縮されたものを「解凍」してそれぞれに解釈する。

たとえば、松尾芭蕉の「この道や行く人なしに秋の暮れ」という句があります。あなたは、これを見てどんな風景、そして心情を思い浮かべますか？　たぶん、私が見てパッと思うことと、後継者がいない職人さんが見て思うことは、全然違うはずです。その違いがおもしろい。自分ではろくな句が作れないのですが、みんなの解釈を読んだり、想像したりするだけでとても楽しめます。

おっと、つい俳句について語ってしまいましたが、本題は「お金がかからない」ということ。俳句と聞くと、短冊に筆で句をしたためる風流な姿が思い浮かぶかもしれませんが、実際はスーパーのレシートの裏に書いてもいいんです。なんでもいいんですよ。季語を知るには「歳時記」があると便利ですが、それだって今ならネットで調べられます。レシートの裏に書いたって名句は名句。お金よりも、「やってみよう」という気持ちのほうが必要です。

『徒然草』でも笑いモノ。かっこつけてると学べない

最近はまっているのは、数学を勉強し直すことです。中学3年分を復習できる、大人のやり直しのための参考書を買って、少しずつ読み進めています。やはり、プログラミングの基礎になるのは数学ですから、もう少しちゃんと勉強したくなったのです。この本だって、１０００円しませんでした。それで中学3年分の内容がつまっているのですから、お得にもほどがあります。

「数学を学び直しています」というと、いかにも勉強熱心なひとのようですが、そんな

ことはありません。あくまで、楽しいからやっているんです。「わからない」「つまらない」と思ったらもうその日は本を読むのをやめてしまいます。それでも、少しずつ学べているからいいのです。

ちなみに、どうしても「ある程度熟達するまでは、ひとにいえない」と、習ったり学んだりしていることを隠したがるひとっていますよね。そういうひとは、『徒然草』の時代からいたようです。『徒然草』の第百五十段には、まさにそういうことが書いてあります。吉田兼好さんは、「芸事を身につけようとするひとは、よく『うまくないうちはひとに知られないようにしよう。裏で練習してうまくなってから人前に出よう』と思いがち。でもそういうひとは、なんの芸も身につかない」とズバッと書いています。厳しいですね。

でも、その後にすごくいいことをいってるんです。「不完全な頃から、うまいひとの中に混じって、けなされたり笑われたりしても恥じないで平然と稽古するひとは、最終的には名人の境地にいたる」と。まさに、今にも通じる教えだと思います。

それにしても、鎌倉時代にも「笑われたら嫌だから」ともじもじしているひとが多かったなんて、おもしろいですよね。日本では、学校の授業でみんな積極的に手を挙げない、講演などで質問をしない、といわれますが、それも「間違ったことをいって笑われたら嫌だ」というメンタリティーからくるもの。鎌倉時代から私たちは、あまり変わっていないんですね。

だからこそ、『徒然草』は普遍的な価値を持っているのでしょう。吉田兼好さんのいう通り、まだ未熟であっても、どんどん人前に出て、やってみることが上達への近道。新しいことを習うときは、恥の意識や見栄は捨て、かっこつけずにいきましょう!

第3条

英語は「大阪人」のノリで

Nobodyは、「あかんで」

英語は、学生の頃から学んでいることの一つです。出会いがよかったのかもしれません。英語を初めて習ったのは、中学1年のとき。学校の英語の先生が教えてくださったのが最初です。

私が通っていたのは、兵庫県の田舎の中学校。英語のネイティブスピーカーはまわりにおらず、先生の発音もめちゃくちゃでした。でも、その先生は英語を学ぶ上で一番大事な、英語という言語の根底にある「考え方」を教えてくださったのです。

たとえば、住所。日本語で住所を書くときは、○○県○○市○○町○丁目○番地、そして氏名という順番です。でも、先生は「アメリカやったら、まず氏名を書く。それから、○丁目○番地、○町、○市、○県、最後に国名や。個人名が一番上にどんときて、しかも名字やなくて、ファーストネームが先にくる。とにかく個人が基本になっているのが、西洋人のものの考え方なんや」とおっしゃいました。これは確かに、日本とは全然違います。

だからこそ、英語はまず主語が最初にくる。“I am”“I have”と、「私は～」「私が～」と誰が主体なのかいってしまう。主語から始めないと、文章が成り立たないのです。「ぼんやりとした想いを伝えようとする、源氏物語の世界とはちゃうんや」と先生は教えてくださったのです。曖昧な日本語とは違うんですね。

“Nobody”から始まる文、なんていうのも西洋的だとおっしゃっていました。いきなり頭で「あかんで」といってしまう。「誰も○○でない」「○○なひとは誰もいない」と否定の文だということをガツンといって、そこから「なにが」なのかを説明していく。

日本語は、文の最後にきてから「ございます」なのか「ございません」なのかがわかるようになっていますよね。これも英語と日本語における、考え方の明確な違いが表れています。

この先生は、英語をスラスラ話せるひとではなかったけれど、「外国語を教える」ということの本質がわかっておられたのだと思います。授業はとってもおもしろかった。だから私は今でも外国語を学ぶのが好きですし、その時に習ったことを今でもよく覚えています。

英語、じつは得意じゃありません！

コンピュータープログラムを記述するための「プログラミング言語」も、一種の新しい言語です。しかもこの言語は世界共通。プログラミング言語は、英語よりも汎用性が高いかもしれません。だって、私たち人間だけでなく、コンピューターにだって通じるのだから。

先程、英語は日本語よりも曖昧さがないという話をしましたが、プログラミング言語はさらに英語よりも解釈の余地がありません。コンピューターでもわかるように書いているので、「こう書けば文脈で読み取れるだろう」「Aともとれるし、Bともとれる」といった曖昧さがまったくないんです。誰もが使えるように設計されていて、お国柄が排除されている。そこがプログラミング言語のおもしろいところだな、と思います。

英語は長年独学で学んでいるものの、正直なところまったく上達していません。勉強としての英語はまあまあ得意で、英検で準一級をとったりもしました。

それでも、ある時期、月一回のペースで英語を習っていた先生からは、「なぜ若宮さんに英検準一級がとれたのかは謎です。おそらく試験官が、下手なのにまったく臆することがない若宮さんの姿にショックを受け、採点するのを忘れたのではないでしょうか」というメールをいただきました。それくらい、その教室では「英語ができないひと」とみなされていたのです。

私は、海外のカンファレンス（大きな会議）に登壇して英語で講演したり、海外旅行によくいったりしていることから、英語がペラペラだと思われていることがあります。でも、全然ダメなんです。日常会話もできるかどうか、あやしいくらい。実際に私が英語でやりとりするところを聞いたらびっくりすると思います。

それでもいいんです。先程の「徒然草」の教えに従って、不完全でも人前でやってみる。それが、上達への道だと信じているからです。

まさに、「英語は度胸」です。

グーグル翻訳でいいじゃないですか

さらに、最近は便利なサービスがあるんですよ。それは、グーグル翻訳などコンピュータの翻訳。たとえばグーグル翻訳のサイトの入力欄に日本語を入れると、隣に英語の翻訳文を表示してくれるんです。「ドラえもん」の「ひみつ道具」が現実化したようで、本当に便利です。英語だけでなく、ドイツ語、フランス語、イタリア語、中国語、韓国語など、100以上もの言語に対応しています。

私はアメリカのテレビ局から「高齢のアプリ開発者を取材したい」と問い合わせがきたときも、グーグル翻訳で乗り切りました。送られてきた質問表の文章を全部コピーして、グーグル翻訳の入力欄に貼り付けたんです。それを読んで日本語で回答文を書き、またグーグル翻訳にコピーして貼り付ける。今度は、「日本語から英語へ」という翻訳をするのです。翻訳された英語をそのままメールで送りました。それが、30分後には世界中に配信されていたというのだから、驚きです。このニュースがきっかけとなり、私はアップル社の世界的な会議に招待されました。本当にグーグル翻訳さまさまです。

グーグル翻訳を使ったことがあるひとは、このエピソードを聞いてぎょっとするかもしれません。「え、あんな拙い文章をメディアに送ったの?」と。

確かに、グーグル翻訳は文章を直訳してくれるだけなので、ニュアンスが伝わらない、少し意味が違う、といったことも起こりうると思います。

でも、テレビ局に送った回答を、後日、英語のわかる友人にみてもらったところ、「9割は合っている。伝えたいことは伝わっている」とお墨付きをもらいました。主語と述語をはっきりさせた日本語を書く、など入力する際のコツはありますが、短い文章なら十分に使えるレベルなんです。

しかも、コンピューター翻訳の精度はどんどん進歩しています。音声を流すだけでマイクで拾って文章化し、それを翻訳するなんていう機能もできてきています。それってもう、同時通訳機ですよね。

とにかく、人工知能は絶えず学習しています。しかも、ものすごい勢いで。とてもじゃないけれど、人間はかないっこないです。人工知能君が得意なことは、人工知能君に頼みましょう。

「英語で対応なんかできない！」とチャンスをふいにするくらいなら、拙い翻訳であったとしても、やってみるほうが何倍も有益です。

なお、外国で「看板」や「掲示板」を見たときに、英語に近いフランス語やドイツ語、中国語などの場合は、習った経験がなくても、書かれている意味をある程度推測できます。しかし、アラビア語、韓国語などだったら、矢印の方向に「レストラン」があるのか「警察」があるのか、見当がつきません。「スマホ、パソコンに打ち込んで調べる」

というのもありですが、こちらも簡単ではない。でも、そういうときに役に立つ「カメラ翻訳」というのもあるのですよ。スマホでその看板の写真を撮って「この単語を調べてください」と指示をすると教えてくれます。

もちろん、コンピューター翻訳をうまく使いこなすには、英語ならば英語をある程度知っているほうが、いい翻訳ができることは事実ですが、そんなこといってないで、まずはコンピューターに外国語を入力してみることをおすすめします。

亀の甲より年の功。想像力で乗り越えちゃえ

ちゃんとした単語、文法が使えなくたって、海外旅行はなんとかなります。初めてフランスにいった時、パリのホテルでなかなか朝食がこないということがありました。当時のホテルは、食堂ではなくルームサービスが主流だったんです。

私はとりあえずフロントに「アロー」と電話をかけました。朝ごはんはフランス語で

「Petit déjeuner」ということは知っていたので、電話口の相手に「私の Petit déjeuner が not yet come なのよっ！」と訴えたのです。もう、日本語、フランス語、英語がごちゃまぜです。それでも、5分後には朝食がきました。ちゃんと通じたんですね。

ホテルのレセプションの立場になってみれば、朝、宿泊客から電話があって、「Petit déjeuner がどうのこうの」といっていれば、それはルームサービスの朝食がこないという訴えにほぼ間違いない。これは、語学というより想像力の問題ですね。

単語が聞き取れれば、「このシチュエーションで、このひとが、○○という単語を使っているということは、きっと○○だということをいっているに違いない」と推測することができます。

たとえば空港で、自分の乗る飛行機の便名と、「1 hour」という単語が聞こえたとする。それはたいてい「出発が1時間遅れる」というお知らせでしょう。だって、出発が1時間早まるなんてことがありますか？　遅延は何度もあれど、一時間もの出発の繰り上げなんて私、体験したことがありません。もし繰り上げならば、相当異例の事態なのでもっといろいろなアナウンスがあるはず。そう考えていくと、正解にたどり着くことができます。この想像力を鍛えると、海外旅行でも意外となんとかなるのです。

朝ごはんのためですもの。手段なんて選びません!?

言葉でなく、音や匂いでわかることもたくさんあります。またまた朝食の話で恐縮ですが、民宿などでは朝、フロントに誰もおらず、食堂の場所がわからないことがありますが、そのときも心配無用です。ベーコンの焼ける香ばしい匂いをたどっていけば、食堂にたどり着けます。少なくとも、キッチンの場所はわかるはず。そうしたら、そこにいるひとに食堂の場所を教えてもらえばいいんです。

食堂に誰もいなかったら? ドアが閉まっていたら? そこは「グッドモーニング!」と大声でいえばよろしい。きっと誰かがきて、開けてくれるはずです。

ここでもやっぱり、かっこつけないことが大事。「言葉が通じなくて気まずい思いをするくらいなら、朝食抜きでもいいいか」なんて、諦めないで。旅行先で、朝ごはん抜きで1日歩くのは嫌ですよね。目的を達成するためなら、手段を選ばずトライしましょう。

海外に何度もいっていると、日本人は英語に対する独特のメンタリティーがあると感じます。なにしろ、そばに日本人がいるだけで、とたんに英語がしゃべれなくなってしまうのだから。眼の前の相手よりも、まわりの日本人がどう思うかが気になってしまうのですね。

きっとそのひとも、日本人がいない場所で、ホテルでチェックインをしなくちゃいけない状況になったら、どんなにめちゃくちゃでも英語を話そうとするはずです。下手でも、ここで英語を使わないと今夜は野宿しなくてはならないわけですから。

でも、日本人もまわりにいるパーティーだと、だんまりを決め込んでしまう。日本人が複数人いると、日本人とばかりしゃべるというのも、よくない慣習です。

この恥の気持ちはどこからきているのでしょう。こうした恥の意識が強いことは、日本という国にとってもマイナスだと感じます。海外にいる日本人が積極的に英語でコミュニケーションすれば、日本のプレゼンスはもっと上がるはず。誰もかっこ悪いなんて思ってないですよ。

なお、ネイティブに近い帰国子女も日本人には敬遠されることがあるそうです。「キザなやつだ」「変な発音」とかえってバカにされた経験があるという話をよく聞きます。これは「みなさん、ご一緒に」の国では、良くも悪くもひとさまと違ったことをしてはいけない、ということなのでしょう。「なにかいわれても平気。自分なりにやるからいいわ」と開き直るしかないですね。

「大阪のおっちゃん」の見事な……日本語？　英語？

ここで参考になるのが、大阪のひとのメンタリティーです。以前、オーストラリアのシドニーのお土産(みやげ)屋さんにいったら、先客に典型的な「大阪のおっちゃん」がいました。彼はまず「ハウマネー？」と値段を聞きました。すると、店員が「12ドル」と答える。そうしたら、「もっとチープ！」と大声で値切り始めました。「もっと」が日本語だなんて細かいことは気にしない。それでも、ちゃんと値切り交渉ができているんです。

この様子を見て「英語を学ぶ日本人に足りないものが、大阪のひとにはある……！」と思いました。単語や文法がわからなくても、伝えたいことを一生懸命大きな声でいう。その姿勢がなにより大事だからです。

考えてみると、大阪のひとは日本でもよく商品を値切っています。百貨店だろうと、家電量販店だろうと、とりあえず値切ってみる。安くなったら儲けもん。これはきっと、大阪が商売で栄えた商人の町であることからきているのでしょうね。私も出身が兵庫県なので、こうした大阪の感じはよくわかります。

そしてこの「大阪人」の特徴は、今や世界中で活躍している中国人とも通じるところがあります。せっかちなところやはっきりものをいうところも、似ています。

大阪のひとは外国のひとから見ると、他の地域の日本人よりも、比較的声が大きく、身振り手振りがはげしく、人なつっこいと感じられるようです。この性質ってすごく英語を話すのに向いていますよね。またお笑いの文化があるせいか、男女問わずポンポン話すひとが多いのも大阪のひとの特徴。発話量が多いのは、外国語を習得する際に大事なことです。英語を学ぶときは、身近な大阪のひとを見習ってみてはいかがでしょうか。

いくら熱心に外国語の勉強をしていても、家で「メシ、フロ、寝る」しかいわないひとが英語になったら急に雄弁になるなんて考えられません。

また、「アレはどこへいったかな」「ああ、コレですね」「ソレソレ」というような「身内限定会話」だけで過ごしておられる方がどんなに外国語を熱心に勉強しても限界があると思います。まずは、日本語で「自分のいいたいこと」を、正しく、簡潔に、相手の気持ちを傷つけないように、話せるようになることが大事だと思います。

第4条

ノルマを課しちゃダメ

「寝ずに勉強」は禁止です

なにかを勉強するとなると、「1日3ページは進めよう」「週に3時間はやろう」などと、まずノルマを決めようとするひとがいます。量や時間で管理したほうが、上達できるだろうと思うのでしょうね。

でも私、それはあまり意味がないと思うんです。ノルマを決めた時点でそれは義務になる。やりたくなくても、ノルマがあるからやらなければ、と思うようになります。そうやって嫌々やっているうちに、せっかく好きで始めたことでも、嫌いになってしまうかもしれません。もったいないことです。

ノルマを決めなくたって、やりたい気持ちがあれば自然に手をつけられるはず。それがいわゆる勉強の類いだったとしても、です。無理矢理自分を追い込まなければやらないようなことは、そもそもあなたがやるべきことではないのかもしれません。

日本では、厳しく自分を追い込んで達成することが偉い、とみなされる風潮があります。努力信仰といってもいいでしょう。受験勉強で「体を椅子に縛り付けてでも頑張った」「足を氷水に浸けて、寝ずに勉強した」といった話が美談として語られるのも、その一環。

でも冷静に考えると、眠くて疲れている状態って、学習に適しているのでしょうか。顔をひっぱたかないと目がさめないような脳に知識を詰め込むのは、とても効率が悪いこと。だったらさっさと寝て、スッキリした状態で集中したほうが断然頭に入るでしょう。

今は、どういうときに学習効果が高いのか、という脳科学の研究が進んでいます。それによると、休憩をはさんで15分ずつ学習したほうが、60分ぶっ通しで学習するよりも記憶が固定される、という研究もあるそうです。「寝ないで長時間勉強」は、今の時代にそぐわない前時代的な方法だと思います。

「竹槍精神」の罪と罰

これは、スポーツの世界に蔓延する根性論にもつながります。昔は、ウサギ跳びでグラウンド10周だの、水を飲ませないだの、非科学的な「しごき」が当たり前のようにおこなわれていました。今では、長時間のウサギ跳びは膝を傷めるということや、水分補給をしないと熱中症を起こす危険があるということがわかっています。

それなのに、やらせていたのはなぜか。おそらく、「苦しい思いをしたほうが成長する」という考えが根底にあったのでしょう。どんな選手にも一律できつい基礎トレーニングを課すというのは、なにも考えていないという証拠。本当は、それぞれの選手に必要な練習があるはずなのです。

真夏に甲子園を開催し続けるのも、同じような考えに基づいています。「暑さに耐えて、汗だくで頑張るところに感動する」なんて、選手にとってはいい迷惑です。体への負担を考えたら、涼しいところ、あるいは涼しい時期で、快適にプレイしてもらったほうがいいに決まっています。

投球数を制限せず、一人のピッチャーがひたすら投げ続けるのも前時代的。メジャーリーグで投手として活躍するダルビッシュ有さんは、けがを防ぐためには、1人何回まで投げるか、学年によって制限を設けたほうがいいと主張しています。アメリカでは、少年野球で投球制限がルールになっているそうです。スポーツ科学をもとに考えると、やはりそれが合理的なのでしょうね。さすがに、最近は、少しずつ改善されているようですが。

無駄な努力を尊ぶのは、やめましょう。それは結局、「竹槍精神」を引きずっているのです。竹槍では近代兵器に勝てません。精神力だけで突破できるという考えは、危険だと思います。

体や心の健康を害してまでやらなければいけないことなんて、ないんです。楽しく、そして効率よく。そのほうが、結果的には成果を出せる。怠けているわけではないんです。楽しく効率よく上達する方法を考えるほうが、よっぽど大変で創意工夫が必要なのですから。「どんなことでも必死に頑張ればできる」なんてことはありません。限界があります。ある程度のところで見極めて、その虚しい努力から撤退し、他の「自分に向いた世界」に転身することは、決して恥ずかしいことではありません。

ノルマなんていらない。目的はワクワクすること

ノルマと近しいものが、スケジュールです。自分で立てたスケジュールに縛られて、「次はあれをやらなきゃ」と追われて過ごすのは、本末転倒。そんなことは続きません。

私はよく「日課はなんですか」「1日にこれをやると決めていることはありますか」と聞かれることがあるのですが、それがまったくないんですよね。

私は「グーグルカレンダー」というアプリやインターネットブラウザーで見られるスケジュール帳に予定を入れています。それを見れば、週の中で1日として同じようなスケジュールの日はないということがわかると思います。おまけにしょっちゅう、出張や旅行で飛び回っている。

起床の時間もバラバラです。朝7時に東京駅にいかなければいけない日もあれば、出かける予定がない日もあります。だから、決まった時間に目覚ましをかけたりもしない。よって、寝る時間も決めていません。昼間、忙しかった日は早く寝ちゃうこともありますし、起きていられる日は遅くまで仕事をしていることも。日々の生活の中で、「これだけは必ずやる」などと決めていることがないんです。自由気ままに、独居生活を謳歌しています。できるときに、やりたいことをやる。それが、体と心の健康に一番いいのだと思います。

ノルマはなくてもいいけれど、やりたいことの目的は決めておきましょうか。「なんのためにやるのか」ということを、考えておくんです。それは思い浮かべると、あなたの心がワクワクすることにしましょう。

たとえば、私がプログラミングを始めた時は「お雛さまのゲームを作る」と明確に決めていました。英語を勉強するなら、「海外旅行で、現地のひととおしゃべりしてみたい」「洋画を字幕なしで観てわかるようになりたい」といったことでいいんです。

では、「ＴＯＥＩＣで８００点以上とりたい」は、どうでしょうか。これは目的ではなく目標ですよね。いいえ、あなたがテストの点数を上げることに心からの喜びを見出すひとなら、それでもいいんですよ。でもそうじゃなくて、会社で評価されるからとか、その点数だとひとに自慢できるから、といった「ひとの目」を気にしたものなら、違うということです。

目的は、ひとそれぞれ。だからこそ、独学に挫折はないんです。ピアノだったら、なにもコンクールで入賞するなんて目標を掲げなくてもいい。「ピアノを弾いてみたい」という気持ちで始めたなら、両手で弾けるようになっただけで大成功です。

「独居老人」になっても大丈夫

ノルマを設定したがるのは、「社会通念的にこうあるべき」という考え方が強いひとのような気がします。レールに乗っかっていたほうが安心、というタイプ。よくいうとまじめ、悪くいうと融通がきかない、といった感じでしょうか。

私はそうしたレールから、すっかり外れて生きてきたので、いっそうノルマに興味がないのかもしれません。

私は高校を卒業してすぐ就職し、銀行を定年まで勤め上げました。これだけ聞くと、「どこがレールから外れているの?」と思うでしょう。でも、この時点ですでに、同世代の常識からは外れています。

当時の女性は20代で結婚し、子どもを生んで、専業主婦になるのが定番だったのです。こんな60歳過ぎまで働く女性なんて、ほとんどいなかったんですよ。

さらに、私は結婚していません。もうこの時点で「ヤクザな女」なんです。この「ヤクザ」というい方は、友人が使っていた言葉で、気に入ったので私も使っています。本当のヤクザということではないですよ。アウトサイダー的な生き方を選択している自分たちを、少し自虐的に、でもおもしろく表現したのが「ヤクザ」です。

ヤクザは気が楽なんです。もうレールからおりてしまっているので、横並びで比較されることがない。「そろそろ子どもは？」「2人目はいつ？」「小学校はどちらに？」「ご主人のお仕事は？」なんて質問をされることはありません。

しかもヤクザはいっぱいいるんです。私のように結婚しないひとも、バツイチのひとも、外国人と結婚したひとも、事実婚のひとも、みんな一昔前はヤクザですから。今は、子持ち専業主婦という「カタギ」のひとのほうが少ないんじゃないかしら。結婚しないひとも増えましたし、離婚も事実婚も珍しくありません。家族のあり方は多様になってきています。これはいい流れだと思います。「みんなちがって、みんないい」（金子みすゞ）、です。

「独居老人」という言葉は「孤独死」とセットでなんだか恐ろしいもののように捉えら

れています。だから結婚しなければ、家族を持たなければと、追い詰められているひともいるのではないでしょうか。

でも私くらいの歳になると、結婚したけれど配偶者が亡くなってしまい、また一人になったというひともたくさんいます。そうすると結婚経験があろうとなかろうと、独居老人になる。お子さんがいたって、同居していなければ独居です。どっちみち、近い将来「きちんとした奥さま」は絶滅し「ヤクザ奥さま」ばかりになります。一歩先んじておきましょう。

一緒に住んでいても、お子さんが朝一番の電車で出勤して夜遅くまで帰らない、なんて生活だとしたら？　起きている時間に家に誰もいないなら、ほぼ独居ですよ。

一方、誰も一緒に住んでいなくても、隣のおばあちゃんや筋向かいのおじいちゃんが毎日、お茶うけを持って遊びにくるとしたら？　それはご近所さんと一緒に住んでいるようなものです。

私も1人で住んでいますが、出かけるか、誰かがうちにくるかで、毎日ひとと会っていますし、いつもメロウ倶楽部やフェイスブックで交流していますからさびしくないです。独居と孤独はイコールではない。私は独居でも、まったくさびしくありません。むしろ、もっと一人の時間がほしいくらい。「独居老人」になることをむやみにこわがらなくてもいいんですよ。

第5条

「やりたいこと」の見つけ方、お教えします

たとえば、まわりのひとが喜ぶこと

「独学を始めよう」といわれても、やりたいことがそもそもない。そんな悩みを抱えている方もおられるかもしれません。ヒントになるのは、「自分がなにをしたら、まわりのひとが喜んでくれるだろうか」ということ。自分ができることと、ひとが喜ぶことの接点を探すのです。

誰かに喜ばれたり感謝されたりしたら、嬉しくて「もっとやろう」という気持ちにな

る。これはもう立派な「やりたいこと」です。

プログラミングの世界に足を踏み入れて知ったのですが、プログラミングが得意なひとでも、作りたいものがないというひとはけっこういるんですね。そういうひとを見ると、「もったいない！」と思います。プログラミングこそ「ひとが喜ぶこと」と連携しやすいからです。

私が見学にいった岐阜県の工業高校と盲学校が協力した企画でのこと。工業高校の電子科の生徒さんたちというのは、いずれは大企業のプログラマーになるようなひとたちです。でも夏休みなどは、部活でゲームアプリなどを作って楽しんでいます。そこで、工業高校の先生と知り合いだった盲学校の先生が、「うちの生徒たちにもなにか作ってくれませんか」と声をかけたのだそうです。

視覚障害者向けのアプリも、存在してはいます。でも、盲学校に通うお子さんたちの「目の見えなさ」というのは、一人ひとり違うんです。真っ暗でなにも見えないお子さんや光だけはぼんやり見えるお子さん、視野が一部欠けているお子さんなどさまざまな状態がある。でも、「視覚障害者」として一括りにされているのです。だから、それぞれの障害を持っているどんなお子さんも使いやすい・楽しめるアプリというものはありません。

工業高校の生徒さんたちは、盲学校のお子さん一人ひとりに話を聞くことにしました。そして、ある盲学校の生徒と話していて、「そのお子さんは、背景色が黄色で字が黒だと読みやすいのでは」と気づいた工業高校の生徒がいました。そういう表示ができるプログラムを組んだら、やっぱり読みやすかったのだそうです。

アプリを開発してプレゼントしたら、その盲学校のお子さんも、そのお母さんも盲学校の先生も大喜びしました。その工業高校の生徒は、自分がなにかをプログラムしてものすごく喜ばれる、とは思いもしなかったのだそうです。きっとその生徒はこの経験を糧に、ひとのためになるアプリをいろいろ開発してくれるのではないか、と思います。

プログラミングで、イノシシを捕獲！

「今、自分がほしいものはなんだろう」と考えるのも、「やりたいこと」探しの一つの方法です。これは、マーチャン方式ですね。

私がお雛さまを並べるゲーム「hinadan（ひなだん）」を作ろうとした発端は、シニアでも楽しめるようなアプリゲームがなかったから。スマホを使い始めたものの、ゲームといえば、若者が得意な素早い動きを必要とするものばかり。もっとお年寄りでも勝てるようなゲームがほしい、と思ったのです。

最初は、自作する気はさらさらありませんでした。だから震災の支援活動で出会ったプログラマーのお友達に、「シニア向けのゲームを作ってください」とお願いしたのです。

でもお友達の答えは「若宮さんが作ったら、超話題になりますよ」。そう、自分で作れということだったんです。それなら仕方ない、と宮城県に住むそのお友達に遠隔授業で教えていただきながら、アプリを完成させていきました。

福井県勝山市には、プログラミングを勉強して、イノシシなどの野生獣捕獲装置を作った猟師・谷川一男さんがいます。持っている資格は、測量士と猟銃免許、それに罠免許という、およそプログラミングとは縁遠そうな60代後半くらいのおじさまです。

勝山市では、イノシシが畑や田んぼを荒らす被害が多発していました。従来の罠箱も仕掛けていたのですが、それには警戒心の薄い子どものイノシシしかかからない。成獣を捕まえるにはどうすればいいか、とみんな悩んでいたのです。

そこで、谷川さんが一念発起。警戒心の強い成獣でもうっかり入ってしまうような箱罠を作ろうと考えました。赤外線センサーを使い、ある程度の大きさのイノシシが入ってきたら感知して、自動で檻の扉が自動落下する仕掛けを作ったのです。

勝山市には、手のひらサイズのコンピューターを使ってプログラミングや電子工作を教える、子ども向けの教室がありました。谷川さんはそこに入会し、プログラミングを学んだのだそうです。やりたいことがあれば、子ども向けだろうとなんだろうと関係ないものです。真剣に学びたくて入ってくるひとは、歓迎されます。

プログラミングを使って改良された罠で、勝山市全体の36%のイノシシを捕獲することができたのだとか。谷川さんはプログラマーではないですが、イノシシの生態にはめっぽう詳しい。そういうひとがプログラミングを少し学ぶと、こんなに有用なものが作れてしまうんです。

これからは、現場経験の少ない大企業が「こういうものを売りたい」と製品を開発するのではなく、個人が自分に必要なものを作る時代がやってくるのではないかと思います。

徘徊するおじいちゃんを探すアプリ

アプリ甲子園という、中高生のためのアプリ開発コンテストがあります。2016年に優勝したのは、「Find（ファインド） Family（ファミリー）」という認知症のお年寄りを介護するひとをサポートするアプリを作ったOくん。「Find Family」は靴にセンサーを埋め込み、アプリで位置を表示することができるというもの。埋め込む機器も自分で開発してしまったのだから、すごい高校生ですよ。

Oくんには、認知症のひいおじいさまがいました。徘徊を繰り返すひいおじいさまを、おばあさまが必死で探しているのを見て、なんとか助けられないかと思ったのです。それが、アプリ開発のきっかけになりました。

おばあさまと話し合いながら、「靴を履いているかどうかがわかるようにしよう」「靴を光らせることができたら、まわりのひとにも見つけてもらいやすいのでは」と機能を追加していったのだそうです。

なんだかこういうのって、従来のプログラミングのイメージと違いませんか？　暗い部屋で、日がな一日コンピューターの前に座ってカタカタやっている。そういうひとには、こんなアプリは発想できないでしょう。

まずは、ひとの助けになりたいという気持ちが先にある。そして、自分の体験をもとにして、プロダクトを作る。それが、本当に役立つものを作る秘訣です。

シニアのための電子工作セミナーを開く

イノシシの罠も、認知症のひいおじいちゃんを見つけやすくする機器も、電子工作と呼ばれるジャンルのものづくりです。この電子工作はとってもおもしろくて、可能性のある分野。私も今、電子工作を子どもに教える授業のサポートをしています。

子どもだけでなく、シニアにもこの魅力を伝えたい。そう思って2018年は「シニアのための楽しい電子工作セミナー」を開催しました。みんなで電子サイコロを作ったんです。総務省の情報活用支援室の室長さんもきてくださったんですよ。

日本でも海外でも子どもが楽しめて創造性を育てられるような電子工作、ロボット作りなどの教材がいろいろ作られています。大人もやってみると楽しいですよ。

日本でも2020年度から小学校でプログラミングが必修になるとはいわれていますが、教える先生の準備はどうなのでしょうか。心の準備もいりそうです。創造性を育むプログラミング教育は前途多難ですが、ワクワクしますね。

元エンジニアなら大活躍できるかも

大人の思惑をよそに、子どもたちは電子工作が大好き。毎回、キラキラと目を輝かせて取り組んでいます。この教室で必要になるのが、電子機器メーカーなどで働いておられた元エンジニアのおじいさんたち。もうリタイアされた方々にお願いしてきていただいているのですが、毎回、おじいさんたちも楽しそうです。

元エンジニアで、電子機器の知識があるとはいえ、やはり少しは勉強が必要です。その方々も、電子工作をやるのは初めてですし、子どもたちに教えた経験もない。だから、最初は見学していただいたり、勉強会をしたりもします。そういう場があれば、まだまだ力を発揮できる方々なんです。

自分の仕事の知識なんて、リタイアしてしまったらもう必要ない。そんなふうに思っておられるのであれば、少しまわりに目を向けてみてください。きっと、その知識を生かせる場があるはずです。

これからニーズが増えてくるのは、学童保育でしょう。今は一生懸命、不足している保育園を増やしている段階です。そこに通う子達が大きくなったら、放課後にいく場所が必要になります。夏休みなどの長期休暇だって、家にいるだけではつまらない。

両親が仕事にいっている間に、子どもを預かってくれ、さらになんらかの体験をさせてくれるところが求められています。そんな学童保育で電子工作教室をやったら、大人気間違いなしです。

お手伝いした教室のアンケートで「プログラミングがおもしろかった!」「先生がやさしかった」「わかりやすかった」などと書いてあったら、嬉しくなっちゃうでしょう。それは、「もっと頑張ろう」という前向きなエネルギーになると思います。

普段の生活で「教えてくれてありがとう」なんていわれること、あまりないですよね。おそらく、そういうおじさまたちの奥さんは現実的だから、お手伝い程度では褒めてくれない。退職後に家でゴロゴロしていたら「ずっと家にいないで、出かけてきてよ」なんていわれてしまうかもしれません。そんななかで、子どもたちの素直な反応を見ると、自分が社会に貢献しているという実感が得られるはずです。

ちなみに、交通費とお弁当代くらいは主催者が支給すべきだと思います。役所にもこのあたりのことは理解してほしいですね。「あなたが必要だ」ということを具体的に手当で示すことで、呼ぶ側も招かれた側も気持ちよく仕事ができますし、長続きします。

「お花畑で朝食を」を実現しちゃったひと

私はコンピューター関連のひとばかりと付き合っているから、ついプログラミングだ、電子工作だという話になってしまいますね。デジタルが関係ない分野でも、やりがいを見つけ、積極的に活動している方はたくさんいます。その分野の一つは、地域活性化です。

「熱中小学校」という取り組みをご存じですか？ 熱中小学校は、「もういちど7歳の目で世界を…」というコンセプトを掲げ、廃校や空き施設を利用し、大人に出会いと学びを提供する場です。山形県の高畠町にある小学校の校舎から始まり、今では北海道から九州、さらには海外まで、12の地域に拠点があります。

この学校にはＩＴ企業の社長や大学教授、デザイナー、エンジニアなどさまざまなひとが「先生」としてきてくださっています。ひとを育てるだけでなく、ひとをつなげ、そこから新規事業などを立ち上げ、地域活性化につなげる目的もあります。現地のみなさんは、地域おこしのためにものすごく頑張っていらっしゃるんです。

私は昨年、北海道の更別村にある「十勝さらべつ熱中小学校」におうかがいし、講演をしてきました。更別村は人口３２００人の過疎地域。でも、自分のできることで地域に貢献しているひとたちがたくさんおられました。

「コタニアグリ」は、１６０ヘクタール（東京ドームでいうと、約34個分）の広さを持つ大農場。ひいおじいさまの代から十勝に住み、酪農学園大学を卒業したあと、カナダのオンタリオ州で１年間実習を経験された小谷広一さんが経営しておられます。小谷さんは、十勝の土地を知り抜いている上に、海外の農業経営を知っていらっしゃるのです。

もともとは酪農を営んでおられたのですが、オイルショックを経て畑作に移行されたそうです。知識と経験、そして経営センスを生かしてコタニアグリを唯一無二の農地に成長させました。そんな小谷さんのもとには、村の外からもたくさんの見学者が訪れていました。

また、更別を案内してくださっていた方が、「ちょっとそこまでブランチを食べにいきましょう」といって連れていってくださったのが、「紫竹ガーデン」のレストランでした。ちょっとそこまでといって、数十キロ先にいってしまうのが北海道らしい。スケールの大きさを実感しました。

この紫竹ガーデンは紫竹昭葉さんが、60歳を過ぎてから耕作放棄地を利用して作った1万5000坪の広大なお花畑です。その一角にあるレストランでは、まさに「お花畑で朝食を食べる」という体験ができるのです。

「1日中、お花と遊んでいたい」。そんな思いで紫竹さんが手をかけ続けたお花畑は、いつしか約2500種もの花が季節ごとに咲く大人気のガーデンになりました。今や年間10万人以上のお客さまが訪れるのだとか。お花が好きだという気持ちが、町の活性化につながったというすばらしいケースです。

紫竹さんは１９２７年生まれ。今でもお元気で、レストランに顔を出されていました。お花のついたお帽子に花柄プリントのブラウスをお召しになって、とってもおしゃれなんです。90歳を過ぎても好奇心旺盛で、私の作ったアプリ「hinadan」を紹介したらその場で遊んでくださったんですよ。

「子ども食堂」のお手伝いも素敵

こんなに大規模な取り組みでなくても、地域に貢献することはできます。

たとえば、「子ども食堂」のお手伝いをすること。子ども食堂は、地域住民や自治体が主体となって、子どもたちに食事を提供するコミュニティーの場です。今は全国に2300か所ほどありどんどん増えています。朝ごはんや晩ごはんを当たり前に食べることができない子どもたちに、無料または数百円で食事を出しているのです。これも、地域密着の活動です。

探してみると、退職後の活動の場はいろいろ見つかると思います。最初のきっかけは「近所に拠点があったから」「町内会長さんに誘われたから」といったことでもいい。やっているうちに「もっとＩＴのことが知りたい」「子どもの貧困問題を解決したい」と、やりたいことが生まれてくるかもしれません。

そうしたら、改めて勉強するのです。高校や大学でやらされていた頃の勉強とは違い、自分の興味から学ぶこと。それは本物の「独学」になりえます。学ぶということは、机に向かっていなくてもできます。こういう活動の中からでしか学べないこともたくさんあります。地域のこと、イマドキの若者、子どもたちを知る機会になりますね。

第6条

ちょっと待った！自分史を書くのはまだ早い

終活、ちょっと待った

仕事を引退したら時間もできるし、人生を総括する意味でも「自分史」を書いてみよう。そう思っている方はおられませんか。

それ、早いです。60歳なんて全然。70歳でも早いくらい。まだ、人生の決算期はきていませんよ。中間決算、はいいすぎかもしれませんが、60歳なら第3四半期決算くらいでしょう。

先日、新聞を読んでいたら、まだ元気なのに人生の終わりに向けて「終活」を始めたというひとの話が載っていました。そのひとは自分の銀行口座を解約し、メールアドレスも削除してしまったそうです。そんなことをして、そこから20年生きたとしたらどうするのでしょう。キャッシュカードもメールも使えなかったら、自立することができなくなります。

これから「人生100年時代」がくるといわれています。昔のひとに比べて、体も健康ですし、社会状況もよくなっている。平均寿命が、男性は81歳、女性が87歳まで延びているのです。60歳で引退なんて時代は、もはや遠くなりました。

ネットの記録が、自分史になる

もし、どうしても自分史を書きたいのであれば、自費出版するなんてことは考えず、ネット上に書きましょう。今は手軽に文章を書き残せるブログサービスがいろいろあります。

その際に気をつけることは、自慢話をずらずら書かないこと。昔とった杵柄についてではなく、自分の若い頃の社会状況や習俗、仕事について書けば、それは立派な歴史資料になります。ネットで文章を書いているのは若いひとが多いので、高齢者の書き手は貴重だと注目を集めるかもしれません。自慢話は読者をウンザリさせますが、失敗談は貴重です、喜ばれます。たくさん書き残してください。

私はお友達への報告も兼ね、出張やフリーの旅行のことなどをフェイスブック（知り合いとつながるためのソーシャル・ネットワーキング・サービス）になるべく書き留めるようにしています。ここ数年の記録ではありますが、これがもしかしたら、自分史といえるのかもしれません。

過去を振り返って一気に書くのではなく、日々少しずつ書き溜めていったものが、結果的に自分史になる。それが、これからの自分史の形なのかなと思います。

人生激変！
遺言は紙くずになりまして……

「決算するには早い」なんていった私も、じつは過去に遺言を用意したことがあります。「身寄りがないんだから、遺言証書を作ったほうがいい」といわれて、75歳を過ぎた頃に、「秘密証書遺言」を書きました。これは、内容を秘密にしたまま、存在のみを証明してもらえる遺言です。

でも、ただ公証役場に持っていくだけではつまらない。そこで、「自分が書いた」という証拠に、ビデオを撮ることにしました。それには私が、死んだあと面倒を見てもらう甥っ子へのメッセージを吹き込んであります。

「変な叔母さんが、変な生き方をしているのに付き合ってくれてどうもありがとう」「お葬式はしなくていい。お墓もいらない。ちょっと海にお骨を撒いてくれたらいいから」「あんまりたくさん撒くと海洋汚染になるのでちょびっとだけ撒いて、残りは燃やすゴミに入れておいて」なんてことを話したんです。

そうしたら、81歳でプログラミングを始め、あれよあれよというまに人生が変わってしまった。本を出版したり、講演したりと今までとは違う仕事をするようになり、著作権が生じたりしました。そうすると、75歳で作ったあの遺言では網羅しきれない権利関係の処理が発生します。改めて書き直さないといけなくなりました。

秘密証書遺言を書いた当時は、そんなことになると思っていなかったんですよ。みんなには、「年をとって落ちぶれるってことはよくあるかもしれないけど、マーチャンは80歳過ぎて成り上がってるから珍しい」といわれました。確かにそうかもしれません。

でも、これからはそういうひとも珍しくなくなるんじゃないかと思います。インターネットがあれば、家にいながらでも世界とつながれる。体が思うように動かないおじいちゃん・おばあちゃんでも、ものを作ってネット上で売ったり、文章や音楽を発表したりすることができます。もしかしたら、お年寄りユーチューバーとして大ブレイクする、なんてこともあるかもしれません。

何歳からでも、人生は変わる可能性があるんです。だから、とにかく今を楽しく充実させることが一番大事なのだと思います。

82歳のおばあちゃん、世界の舞台に登場

80歳を過ぎてから、私は自分史に書くべきコンテンツが増え続けています。発端はやはり、アプリを自作し、２０１７年の６月にiPhoneなどを開発した「アップル」社のイベントに招待されたことでしょう。

このイベントはＷＷＤＣ（Worldwide Developers Conference：世界開発者会議）といって、本来は名称の通り、アップル社の製品に関連する技術者向けの催し物です。アップル社のＣＥＯ（最高経営責任者）などが登場し、ここで新製品が発表されることもあります。故スティーブ・ジョブズさんのとても有名なプレゼンテーションなどは、このイベントでおこなわれていたんですね。それゆえに一般ユーザーもＷＷＤＣを、年に一度のお祭りとして楽しみにしています。

ＷＷＤＣは会場の参加者だけで５０００人以上。さらに、全世界に向けてインターネットで中継もおこなわれています。日本でも、時差の関係で夜中の開催になるこのイベントを、多くのひとが眠い目をこすりながら見ています。

これまでＷＷＤＣに招待されていたのは、若い開発者が多かったんです。私が参加した２０１７年のイベントでも、オーストラリアの10歳の開発者が招待されていました。そんななか、当時82歳のおばあちゃんが出てきたもんだから、みなさんびっくりされたんでしょうね。大きな注目を集めてしまいました。

アップル社ＣＥＯのティム・クックさんともお話しし、「あなたは、私たちにとって、とても勇気づけられる存在です」といっていただきました。私が作ったお雛さまのゲーム「hinadan」については、シニア世代が操作しやすいよう工夫したことを評価していただいたようです。

それをきっかけに、「最高齢のアプリ開発者」としてさまざまなメディアで取り上げていただき、日本政府の「人生１００年時代構想会議」の有識者議員として呼ばれることにもなりました。

2018年2月には、国連社会開発委員会の基調講演にお呼ばれして、シニアにとってICTリテラシー（情報機器やネットワークを活用して集めた情報を、自分の目的に沿って活用できる能力）がいかに重要かということをお話ししました。国連の本部ビルはニューヨークにありますが、その頃ニューヨークには大寒波がきていたんです。交通機関が止まってしまったりして、ちゃんと講演会場につけるかどうか心配でした。でも、たくさんの友人たちが助けてくださって事なきを得ました。こうしたトラブルもすべて、自分史を厚くしてくれる大事な思い出です。

こんな調子で、80歳超えてからのページのほうが多くなってしまうくらいに、コンテンツが増え続けているのです。

出張でいろいろな体験をするたびに、人生に対する考え方などが変わっていきます。新ネタがどんどん入ってくるので、講演の内容も毎回変えています。アプリを作ってからの1年半で、自分がだいぶ成長したと感じるのです。82歳からでも、まだまだ成長します、できます。

失うことに傷つかないで。
新しいこと、見つかります

お年寄りになると、できることも少なくなり、誰からも必要とされていないのではという不安にかられることがあります。

年をとるということは、日々なにかを失っていくということ。髪の毛が抜け、歯が抜ける。耳が遠くなり、目もかすんでくる。親はもうとっくにこの世を去り、同年代の友人も一人、また一人といなくなる。いろいろなものが、自分から離れていきます。

そのさびしさに飲み込まれてしまわないように、なにをすればいいのでしょう。私は、獲得体験を増やすことだと思います。昨日できなかったことが、今日はできるようになる。それはやっぱり楽しいことです。

新しい言葉を一つ覚える、散歩コースを開拓する、今まで食べたことがないものを食べる、近所のひとにあいさつする。そんな小さなことでいいんです。家族に「ありがとう」と伝えてみるなんていうのも、今すぐできることです。

やったことのない趣味を始める、お友達を作る、といったことができたら最高ですね。携帯電話をスマートフォンに切り替えてみる、なんていうのもおすすめです。ぐっと、世界が広がると思います。

私は数年前からお琴を始めたんです。「お琴の教室に通う」と考えたらハードルが高いのですが、なんのことはない、今は iPad のアプリで始められるのです。スマートフォンやタブレット端末などのデジタル機器を手に入れられると、できることが格段に増えるのです。

また、大事なことなのですが、ひとと比べるのはやめましょう。それよりは、前の自分と比べてみる。前より少しでも進歩していれば、その進歩を喜びましょう。

また、持って生まれたものは、ひとにより違います。昔のひとは「精神一到何事か成らざらん」といいましたが、やはり限界があります。無理をしないで伸ばせるところを大いに伸ばしましょう。

第7条

「将来」に備えない。10年経ったら世界は違う

先に苦労すればいいってもんじゃない

岡山や東京に「後楽園」と名付けられた日本庭園があります。東京ドームがある地域も「後楽」と名付けられています。この「後楽」とはいったいなんなのでしょうか。

もともとは、「先憂後楽」という言葉がありました。これは、中国の北宋時代（960～1127）の政治家・范仲淹（はんちゅうえん）が「天下の憂えに先んじて憂え、天下の楽しみに後れて楽しむ」（『大辞泉』）と書いたことからきています。優れた為政者は常に、民に先立

って国のことを心配し、民が楽しんだあとに自分も楽しむべき、という心得です。ここから転じて、先に苦労すれば、後から楽ができるという意味でも使われるようになりました。

この「先憂後楽」の思想を持っている方は、けっこういるのではないかと思います。小学校受験でいい学校に入れたら、あとが楽になる。小学校で入れなかったら、中学校。中学、高校と苦労したら、いい大学に入れる。いい大学に入ったら、いい会社に入れる。そしてせっせと忠勤を励み、節約して貯蓄し、一つの会社で勤め上げれば、老後が楽になる。老後は終活に励む。なんのことはない、生まれたときから死ぬ準備をし続けている。

常に、「今」は「将来」のためのステップ。そうしたほうが幸せになれる、と考えられてきました。でも、このやり方が成り立っていたのは、将来が一つの道として見えていたから。いきなり崖があったり、道が何本にも分かれていてどこにいけばいいかわからない場合は、備えていても仕方がないですよね。

今や世界は、先端技術の急速な進歩などで、猛烈な勢いで変化し続けています。今、高く評価されている大学が、大企業が、数年後にどうなっているのかは誰にもわかりません。平成時代にも「まさか、あの会社が」というような会社がいくつも姿を消しました。「本人が好きで入った会社」なら諦めもつきますが、「親に、強くすすめられて入った会社」がそうなったら腹が立ちますよね。

親御さんは受験に夢中にならないで

現代は、変化の激しい時代です。江戸時代は末期をのぞいて３００年間ほとんど社会が変わりませんでしたが、明治時代からガラッと変わり、戦争でひっくり返って、インターネットが登場してからのＩＴ分野の変化は「ドッグイヤー」なんていわれています。これは、犬にとっての1年は人間の7年に相当することから、7年かかるような変化がたった1年の間に起こってしまう、ということを指す言葉です。

そんなに激しく変化していると、「先憂」しても「後楽」がくるかわかりません。「それでもいいんだ、報われなくても苦労したいんだ」という方を止める気はありませんが、ひとに強要してはいけないと思います。

親御さん向けの講演会などで「変化の激しい時代です」というお話をしても、「それはわかります。でも、今は子どもの受験が最優先なんです」とおっしゃる方によくお会いします。

知識を詰め込んで、お友達と遊ぶことも我慢して、いい中学、いい高校、いい大学に入ったとします。でも、その先その子がどうなるのかは、今の私たちにはわかりません。

ニューヨーク市立大学のキャシー・デビッドソン教授は、「2011年度にアメリカの小学校に入学した子どもたちの65%は、大学卒業時に今は存在していない職業に就くだろう」と予測しています。ちょっとびっくりしますよね。これはもう、今どんな努力をすれば、将来安泰な職業に就けるかまったくわからないということです。

お札を数え間違える私が、銀行の管理職になったワケ

私が三菱銀行（現・三菱ＵＦＪ銀行）に就職したのは1954年、18歳のときです。

まだ、当時の日本では、製造業では機械化が進み始めていたものの「デスクワーク」は江戸時代とあまり変わっていませんでした。「計算はそろばんで、字を書くときは、ペンにインクをつけて、お札を数えるのは指で」やっていました。もともと不器用な私は、あまり「役に立つ存在」ではありませんでした。こういう手仕事を、すばやく正確に黙々とやる、そう、今のロボットさんに最も近いひとが「優秀社員」だったのです。

そのうちアメリカから電気計算機がやってきました。そうしたら、そろばんはいらなくなったのです。さらに、機械化が進むと、お札を数える紙幣計算機も導入されました。

私は、お札を数えたり計算したりするのが苦手だったので、この変化を嬉しく思いました。

そして、時代の変化に合わせて銀行の業務は多角化していきました。その流れを受け、私は業務企画部門に所属することになりました。

お札を数えるのは遅くても、企画業務は性に合っていました。「役に立てない」と落ち込んでいた新人時代とは打って変わって、40代くらいから仕事にのめり込んでいきました。

私が入行して30年ほどたった1986年、男女雇用機会均等法が施行されました。少しずつですが、女性も管理職に昇進するケースが現れ、私もありがたいことに管理職になることができました。

これは、ひとえに世の中が変化したからです。女性の雇用環境の変化もそうですし、お札を手で数える業務のままだったら、私は全然評価されずに終わったでしょう。どんな能力が評価されるかは、社会や技術の変化で変わっていくのです。

ＡＩに負けない職業ってなんだろう

少しずつですが、働き方についての意識も変わってきていますよね。今から30年ほど前には、「24時間戦えますか?」というビジネスマンが主役の栄養ドリンクのＣＭが流れていました。でも、今そんなＣＭを流したら「ブラック企業だ」と非難されるでしょう。

昔は遅くまで働くひとは頑張っているとみなされ、残業代で給料も増えました。でも今は長時間労働はよくないとされています。一昔前までは上司より先に帰宅するのはよくないと思って仕事が終わった後も帰らなかったひとがいましたが、今は決められた時間内に効率よく業務を終わらせる、そういうひとのほうが、評価されるようになったのです。

ＡＩ技術の発展は銀行だけでなく、弁護士など「なるのは大変だけれど、就けば一生安泰」だと思われていた職業にも影響を及ぼしています。もう、判例を調べるといった作業はコンピューターがやってくれます。

さらに技術が進むと、過去のデータから、「被告の適切な刑は懲役何年、執行猶予が何年です」なんて、ＡＩが算出してくれるようになるかもしれません。判決には、やはり人情の機微も入ってきますから、全部ＡＩにまかせてしまうようにはならないかもしれないですけど、弁護士さんや検事さんの仕事はだいぶ省力化され、人手がいらなくなると考えられます。

その他の専門性の高い仕事、たとえば税理士さんや公認会計士さんのお仕事も、マイナンバー制度が普及すればもっと自動化されていくでしょう。

こうなると、美容師さんなど自分の腕一本で勝負するお仕事のほうが最後まで残るかもしれませんね。お客さんのリクエストに応えて髪を切るロボットは、実現がだいぶ難しそうですから。

単一大量商品、一括生産時代よ、さようなら

「これからの時代がどうなるか心配だ」という声も聞かれますが、いいこと、今までよりも良くなることもたくさんあります。

たとえば、今防寒肌着売り場には、軽くて嵩張らなくて温かい衣類が「お求めになりやすいお値段」で売られています。でも、サイズは、ＸＳ　Ｓ　Ｍ　Ｌ　ＬＬ　ＸＬのみ。「私、胴回りは大きいけれど足は短いの」といってみても対応してもらえません。色も、何種類かの単色のなかから選ばなくてはなりません。「もう少し渋みのある赤がいい」なんて贅沢も許されません。

でも、近い将来、３Ｄプリンターやその他のハイテク機器が進歩し、こういう機器を備えた工房が普及してくる、あるいはネットで加工を依頼できるような時代になりますと「あなただけのために、あなたが椅子やカーテンを作る」というおばあさま、ひいお

ばあさま時代に戻りますね。ワクワクしますね。

今にプログラミングもAIの仕事に？

昔から、安定した職業の代表であった学校の先生という仕事も、大きく変わりつつあります。先生が黒板の前に立って一方的に講義をする、という授業は時代遅れになり、今は「アクティブラーニング」を取り入れた授業が推進されています。

アクティブラーニングとは、学び手が主体的に、仲間と協力しながら課題解決をするような学習方法です。あるテーマについて調べたり、グループで議論をしたり、教室の外に出てなにかを体験したりする。先進的な学校では、「黙って座ってノートをとる」という従来の学び舎の姿からはかけ離れた様子が見られます。

「台形の面積の求め方」なども、先生が授業で教えてくれるのではなく、自宅でまずは学習動画を見るなどして、予習してくる。授業ではそれを使って、自分で問題を作るのです。これは「反転授業」といわれ、２０００年頃にアメリカで始まった試みです。日本でも、少しずつこの方法を導入する学校が出てきています。

先生の役割は、知識を教えることではなく、子どものやる気を引き出し、もともと持っている能力を伸ばすことに移行してきているのです。

それができない先生は、生徒から「先生の授業より、ユーチューブで見られる授業動画のほうがわかりやすいよ」なんていわれて、仕事がなくなってしまうかも？　大変な時代です。

私は「おばあちゃんプログラマー」として、プログラミング教育の旗振り役を求められることもあるのですが、じつは「プログラミングも人間がやらなくなるのでは」と思うことがあります。

もちろん、プログラミングという概念そのものを学ぶのは、とても意味があることだと思っていますよ。今の世の中は、ほとんどすべてのものがプログラムによって動いていますから。プログラミングを覚えて、なにか一つでもアプリなどを作ってみる。それは、「自分が普段使っているサービスは、こういうふうに成り立っているのか」と理解するための、すごくいい勉強になるでしょう。

でも、今やプログラミングもどんどん自動化されています。将来的には、人間がほとんどコードを手で書かなくてもよくなるかもしれない、と思うのです。そうすると、「やりたくないけれど、将来必要になるだろうから」とプログラミング言語を頭に詰め込むのは、あまり意味があるとは思えません。これも「なにか作りたくなったとき」に、それを作るのに最も適している開発言語を勉強したほうが効率的なような気がします。

今、この時を楽しもう

こうした変化の話を聞くと、子育て真っ最中の親御さんは「銀行などの大手企業もダメ、会計士や弁護士などの専門職もダメ、プログラミングもダメだなんて、子どもにどんな道を歩かせればいいの？」と途方に暮れてしまうかもしれません。

私は、特に道を用意してあげなくてもいいと思います。将来のための準備をするのではなく、今この時を楽しむ。それでいいのではないでしょうか。

10歳の子には、10歳でしかできないことがあります。今しか遊べないお友達もいる。今できることを目一杯体験する。その子が今やりたいことが、コンピューターで遊ぶことなら、プログラミングをやってみるのもいいでしょう。ＩＴにまったく興味を持たず、外を駆け回っているのであれば、それもまたよし。体を動かしたい子、本を読みたい子、ゲームで遊びたい子など、それぞれの子にやりたいことがあるはずです。それを尊重してあげてください。

これからは、「体験」が重要な学びになります。「知識」を蓄えることはコンピューターのほうが得意ですから、お任せすればいいのです。

どんな仕事も、ＡＩの手を借りて一緒にやるようになる時代。そうしたら、ＡＩにはない「人間力」が必要になります。

おいしいものを味わうこと、人情にありがたみを感じること、きれいな景色に感動すること。どれも、ＡＩにはできないことです。こうした体験から、新しい商品・サービスが生まれるかもしれない。前例がないことを生み出し、熱意をもって世に広めていくのは人間の仕事です。

自分の感性やバランス感覚を磨いていくためにも、たくさんの「初体験」をお子さんにさせてあげてください。もちろん、あなた自身にも。

年寄りだからこそ、かっこつけずにバットを振ろう

未来のことは、現時点ではわからないものです。私の人生が82歳から大きく変わったことだって、社会変化によるものだとしか思えません。「プログラミングを勉強してアプリを作れば、一躍有名になれるかも」なんて、思いもしなかったのですから。

私は今の状況を、こんなふうに考えているんです。老人会の野球大会があって、打席がまわってきたからバッターボックスに立った。で、バットを持っていたら、球が偶然バットに当たっちゃった。そうしたら、ふらふらっとフライが上がって、あれよあれよというまに追い風が吹いてきて、それがヒットになった。そこにさらに追い風が吹いて、

いつのまにか場外ホームランに。最終的にはアメリカまで飛んでいっちゃった、という感じ。この「風」が、社会の変化です。

やったことといえば、打席に立ったことくらい。でも一応その前にも、シニア世代向けのコミュニティーサイトを立ち上げるお手伝いをしたり、エクセルアートの記事をマイクロソフトの公式コミュニティーに書いたり、そうした活動について「ＴＥＤ(テド)カンファレンス」という世界的な講演会の東京版でお話しさせていただいたり、何回かヒットを打ってはいたんです。それらも、「ヒットを打ってやろう」というよりは、「おもしろいからやってみた」ということばかりです。それをまわりのひとたちに見つけていただき、ヒットになっていったんですね。

でも、やっぱり打席に立たなければ、ヒットは永遠に生まれないんです。「ちゃんと打てなかったらかっこ悪いよな」なんて思ってバッターボックスに入らなかったら、こんなことにはならなかった。よたよたしながらも打席に立ったことが、自分の運命を決めたのだと思います。

なにかのチャンスがきても「自分はもう年寄りだし」なんて、遠慮してしまっていませんか？　年寄りだからこそ、かっこいいとか悪いとか、もうどうでもいいじゃないですか。もともと、ヒットが打てるとは期待されていない身。思い切って楽しんで、バットを振っていきましょう。

第8条

退職してからの、お友達の作り方

独学には、お友達の力も必要

「論語」には、「子曰く、学びて思わざれば則ち罔し、思いて学ばざれば則ち殆し」という一説があります。これは、「先生いわく、『学んでも、自分で考えなければ学んだことを生かせない。自分で考えても、ひとから学ぼうとしないと独断的になって危険だ』」という意味です。

1人で学んでいると、間違った情報を信じてしまったり、行き詰まったりしてしまいがちです。独学をするにせよ、ひとに聞いたり、助けてもらったりすることは必要なのです。

私が学校などに通わずコンピューターやプログラミングについて勉強できたのは、友達に恵まれたからだと思っています。一緒に勉強する同好の士がいたら、大変なときも楽しく続けられる。そういったこともあるでしょう。独学に友人は不可欠な存在です。

アプリを作った時も、仙台に住むお友達が教えてくださらなければできませんでした。フェイスブックにもたくさんのお友達がいて、最新のＩＣＴ（情報通信技術）事情について、教えてもらえます。

第６条で国連総会の基調講演にお招きいただいた話を書きましたが、あのときも、お友達が助けてくださいました。国連への手続きについて、夜中にスカイプ（無料通話やチャットができるコミュニケーションツール）で相談にのってくださった方、発表原稿の英訳や発声練習に付き合ってくださった方に、お土産用の手縫いのお人形をくださった方、当日、有給休暇をとって一緒にきてくださった方や、現地にお住まいで空港まで迎えにきてくださった方もいらっしゃいました。みなさんがいてくださらなかったら、無事に講演を終えることはできなかったでしょう。本当に感謝しています。

私はネット上でのお友達もたくさんいますが、同じマンションに住んでいる方との、ご近所付き合いも盛んです。お茶会やお食事会をすることもありますし、お友達が長期で不在にするときは鍵を預かったりもします。排水管点検などに立ち会えないときには、私が代わりに立ち会ったりして。

持ちつ持たれつの関係であることが、心地よいんです。助けてもらうために友達を作るのではありません。自分が助けてもらうのは結果的なこと。自分にできることを無理のない範囲でやっていると、助け合いの輪に加わることができます。

私は伴侶も子どももいないため、独りでさびしい老後だと思われるかもしれませんが、そんなことはないんです。毎日、近くに誰かがいてくださる。ネットで四六時中おしゃべりができる。そうすると、さびしいと感じる暇もありません。こういうたくさんのお友達がいてくださるから、私はとても幸せなんです。

町内会に老人クラブ。ダサいなんていわないで

女性の高齢者からはわりと、ご近所付き合いのことや、「お友達と近場の温泉旅行にいった」なんていった話を聞くのですが、男性からはあまり聞くことがありません。

特に「会社人間」だった方は、定年退職してしまうと、とたんに人付き合いが少なくなってしまうのだとか。

「お友達と助け合うといいですよ」といわれても、友達なんていないし、これから作る気もしない。そういう方もおられるかもしれません。

そんな方におすすめなのは、まず町内会や老人クラブです。どんな地域にも、町内会と老人クラブはあるんです。町内会はたいてい「何丁目」などという「丁」ごとにあり、自治体の地域振興課などが問い合わせ窓口になっています。

窓口に問い合わせずとも、「あのへんに住んでいるのが町内会長さんだ」といったこ

とは、奥さんはきっと、ご存じだと思いますよ。

「町内会」「老人クラブ」と聞いて、「なんで自分がそんなダサいもんに参加しないといけないんだ」と反射的に思われるかもしれません。でもね、参加してみると楽しいものですよ。お祭りで焼き鳥を焼いたり、御輿（みこし）を担いだりするのもいい経験になります。お祭りが無事に終わったら、打ち上げで飲みにいったりして。これはもう、お友達ですよね。ダサいと思う方が多かったらみなさまの了解を得て少しずつ改革してもいいのです。

老人クラブではさまざまな活動をしているので、好きなことに参加しましょう。スポーツや将棋・囲碁、バス旅行、山歩きなど、昔趣味でやっていたことをもう一度始めるのもいいと思います。

過去にバンドをやっていたひとは、おやじバンドを組んでみるなんていうのも楽しそう。若い頃から楽しみを持って興味を持ち続けていると、会社を辞めても暇を持て余すことはなくなります。会社員時代は役に立たない単なる遊びだと思っていた趣味が、退職後、人生の役に立つのです。まさに、道楽バンザイです。

私も、40歳頃から始めた旅行という趣味のおかげで、来年はどこにいこうと考えるだけで楽しくなれる。いきたいところにいき尽くすまでは、まだまだ死ねないなと思います。

ラジオ体操、ボランティア……いろいろあります

団体に所属するハードルが高いなら、ラジオ体操など、近所でやっているちょっとした催し物に参加してみるのもいいと思います。「ラジオ体操の音がうるさい」なんてクレームを入れるよりは、はるかに健康的で楽しいですよ。

とにかく、ひとが集まっているところに顔を出してみる。それを続けていれば、「○○さんちの、○○さん」と認識してくれるひとが増えていきます。

私のおすすめはボランティア活動です。探してみると、ボランティアを募集している団体はたくさんあります。

ボランティアのいいところは、幅広い世代の人が集まっているところ。しかも、「誰

かの役に立てるなら」と参加している方ばかりなので、みなさん志が高いんです。自分より年上の方が「社会に貢献したい」ときびきび働いておられる姿を拝見していると、身が引き締まります。

また、私の得意分野でいうと、やはりコンピューター教室。じつは、シニア向けのパソコンクラブがある地域は多いのです。新しいことを一緒に学んだ仲間とは、一生の友達になれるはずです。

そしてパソコンができると、一気にひととつながれるチャンスが増えます。インターネットが使えれば、時と場所を超えて全国各地のひととコミュニケーションできるからです。

心の居場所「メロウ倶楽部」。老人ホームにいてもつながっている

私がそもそもパソコンを始めたのは、「介護をしながら外の世界とつながれる環境を

作りたい」という気持ちから。最初のおしゃべりの場所として見つけたコミュニティーが「メロウ倶楽部」でした。

ここでは、銀行員時代には出会わなかったようなひととの出会いがあり、直接会わなくてもひととひとは親友になれるということを知りました。今では、副会長として運営に携わっています。

メロウ倶楽部には現在、300人ほどの参加者がおり、約45％が75歳以上の後期高齢者です。アクティブなメンバーの多くは80代です。

入会金と年会費を納める必要がありますが、入会手続きをすれば誰でも入ることができます。パソコンに詳しくなくても、インターネットに接続できて、キーボードで入力できるなら大丈夫。スマートフォンでも大丈夫です。

入会申込時にハンドルネームという、メロウ倶楽部内で使う名前を決めるんです。そこで私は「マーチャン」と入力したので、メロウ倶楽部内ではマーチャンと呼ばれています。

奥さんに先立たれ独居老人になった88歳の兄も、私と同じくらいの時期にメロウ倶楽部の会員になりました。兄はメロウ倶楽部に友達がたくさんいるので楽しそうです。私としても、兄が書き込んでいるのを見ると「お、元気そうだな」「いろんなひとに慕われているな」と嬉しくなります。

メロウ倶楽部の会員には、寝たきりの方や老人ホームに入っている方もいます。今はスマホからでもサイトにアクセスできるので、いつでもどこでも書き込みができます。夜眠れないときや、体がしんどいときなど、ポッツと書き込むと、誰かが反応してくれる。こんなに心強いことはありません。

会員の中に、若い頃から体が不自由で車椅子を使っているSさんという方がおられます。Sさんが入院することになったとき、本人は元気そうな投稿をしていました。でも、ずっとネットで会話をしてきた私たちには、それが空元気だということがわかるんですね。だから、一生懸命「メロウ倶楽部のみんながついてるからね！」と応援メッセージを書き込みました。

他のみんなも、「お元気で戻ってくるのを待ってます」「とにかく体が大事」と次々に書き込む。それが、本当に励ましになるのかはわからないけれど、書かずにいられないんです。

会長は「マーチャンは今や世界のマーチャンになってしまいましたが、Sさんは別の形でメロウの代表で心です。マーチャンに決して負けないと思いますよ。どうか早く戻ってきてください」と書いておられました。私はそんな世界のマーチャンではありませんが、Sさんのことをみんなが大事に思っているということは伝わりますよね。

病院にいても、友達とつながっている。メロウ倶楽部にくれば「おかえり！」といってもらえる。それが、大きな心の支えになる。今の時代は、インターネット上に、居場所を作ることができるんです。インターネットでの交流は、むしろ体が不自由になってくるシニアにこそおすすめです。

フェイスブックやLINEを子どもに教えてもらいましょう

パソコンが使えなくても、スマホが使えればこうしたコミュニティーにアクセスできます。とにかくインターネットにつながっていることが大事。インターネットにつながってさえいれば、孤独はだいぶ軽減されます。

メロウ倶楽部のようなオンラインコミュニティーよりも、今はソーシャル・ネットワーキング・サービス（SNS）の「フェイスブック」や、スマートフォンで使えるコミュニケーションツールの「LINE（ライン）」のほうが始めやすいかもしれません。メールアドレスや電話番号があれば登録できます。

フェイスブックは、出身学校なども登録できるので、昔の友達と再会しやすいツールです。趣味や地域のグループに参加することもでき、最近では若者よりも中高年のユーザーが活発に利用しているといわれています。

私は今、フェイスブックで2000人以上の「友達」がいます。全員とやりとりできるわけではありませんが、出張日記や旅行日記を投稿すると、コメントをいただけたり、「いいね！」を押してもらえたりする。それだけの交流でも、つながれている感じがします。

LINEは、ご家族が使っているという方も多いのではないでしょうか。息子さんや娘さんは、きっと使っていると思いますよ。まずはご家族に登録方法を教えてもらい、そこからお友達に広げていくのがいいと思います。

登録さえしておけば、新しく出会ったひとがＬＩＮＥをやっていると、すぐにつながることができます。電話をかけるよりずっと簡単に連絡をとることができるので、離れていても交流を続けやすいんです。

ＬＩＮＥは、スタンプというイラストが送れます。文章を入力しなくても、「了解」「ありがとう」と書かれたスタンプを送るだけでやりとりができる。気分に合わせたスタンプを送るのは楽しいですよ。

「不機嫌老人」にならないで

そうはいっても、そもそもの登録や設定の時点でつまずいてしまうというシニアは多いと思います。私も、25年前、最初にパソコンをセットアップしてネットにつなぐまで、

3か月ほどかかってしまいました。まわりに聞けるひとがいればもっとスムーズだったのでしょうけれど、そのときはコンピューターに詳しいお友達もいなかったのです。

そこで、私が理事をやっているNPO法人ブロードバンドスクール協会では、地域限定ながらデジタル分野の「駆け込み寺」をやっています。「今さらフェイスブックを始めたいだなんていえない」「アプリをどうやってダウンロードすればいいかわからない」「どうやって検索すれば答えが見つかるのかわからない」……こんな悩みを持っているひとに向けて窓口を開き、質問に対応するばかりでなく「突然動かなくなった」「思う通りに動いてくれない」という切実なニーズをお持ちの方のお手伝いもしています。これはけっこう、お年寄りだけでなく若いひとにも需要があるんです。こういうサポートが、全国どこでも気楽に受けられるといいですね。

本当は、家族やお友達、同僚など、身近にいるITに詳しいひとに聞くのが、一番なんですけれどね。でも、「ひとに聞くなんてみっともない」と思っている方は、けっこう多いようです。

わからないことを素直にひとに聞けない。それは、「不機嫌老人」の兆候かもしれません。不機嫌老人というのは、銀行や病院、駅のホームなどで「なんでこんなに待たされるんだ！」「なんでこんなに電車が遅れるんだ！」と受付のひとや駅員さんに文句をいっているようなご老人です。「保育園の園児の声がうるさい」と苦情をいうご老人なども該当します。

不機嫌老人がかわいそうなのは、その行動が迷惑であることを、誰にも教えてもらえないこと。隣に誰かがいて、「今の時期は風邪が流行っているから、病院にくるひとが多いんだね」「なんで遅れてるんだろう。どこかで事故があったのかな」などと話してくれれば、むやみにひとにつっかかることもないでしょう。

孤立するから、不機嫌になっていく。そして不機嫌だからひとが離れていく。この悪循環をどこかで断ち切る必要があります。

まずは、「ひとにはいろいろな事情がある」ということを理解することでしょう。相手の立場に立って考えることができれば、病院や駅で待たされても怒らずにすみます。

あとは、ひとの話をよく聞くこと。講演をすると、質疑応答のコーナーで、質問といいながら講演にまったく関係ない話をし始め、最終的に一席ぶつ方がたまにいらっしゃるんです。ああ、自分の話をしたくてたまらないんだなと思います。

たぶん、まわりに話すひとがいないのでしょうね。一人暮らしなどで実際相手がいないのかもしれませんが、配偶者がいたとしても、話を聞いてもらえないと思います。だって、一方的に話すひとの相手をするのって、疲れますよね。会話はキャッチボールだから楽しいんです。ボールを受けてばかりではつまらない。

相手の立場になって考え、ひとの話をよく聞く。この２つを守るだけで、何歳からでも友達はできますよ。

七歳の孫も教わるときは先生です

電子工作のイベントで、こんな風景を見ました。なんと、七歳の少年が、お母さん世代の奥さまたちの先生役をやっているのです。きちんと順序立てて教えている少年も立派でしたが、さらに立派だったのがお母さまたちです。ちゃんと、七歳の少年に向かって「よろしくお願いします」と頭を下げておられたのです。

先生の年齢が、いくつでも「教えるひとと、教わるひとのケジメ」はしっかりつけておくべきです。

これから、我々大人が、ＩＴに関することや、科学に関することを教わるときに、先生が「年下」で「女性」であったりする機会も多くなると思います。「先に生まれたから先生」ではありません。ある分野で自分より優れたひとは年齢に関係なく先生です。くれぐれも「若造に教わるなんて大人の沽券に関わる」なんて思わないようにしましょう。

第9条 本から学ぼう

活字が好き

独学の基本は、読書です。中学校の頃から、私は本を読むのが好きでした。

なぜ中学からかというと、それまでは本がまともに手に入らなかったのです。物心がついた頃に戦争が始まり、戦時中は紙不足で辞書も複数人で共有されていたような有様でした。

ようやく本が普通に買えるようになった頃、父親が『君たちはどう生きるか』（吉野源三郎）を買ってきてくれたことを覚えています。私の生まれた頃に書かれた本ですが「人間はどうあるべき」かということを問いかけてくれる、それまで読んだ本とは、ひと味違った本、書いておられる方の気持ちと熱意が伝わってくる本でした。そうしたら、最近また、漫画になったりして、リバイバルヒットしていたでしょう？　名著というのは時を超えるものなのだと実感しました。

歴史小説でタイムスリップ

あとは、歴史小説。貸本屋さんや古本屋さんに通って、吉川英治や司馬遼太郎のシリーズを1冊ずつ読み進めていました。そのおかげで、歴史の理解は深まったように思います。歴史の教科書でただ習ったときには静止画のように見えていた歴史上の人物が、小説を読むといきいきと頭の中で動き始める。それがおもしろいんです。

人物だけでなく、時代背景などもわかってきます。江戸時代の長屋ではきっとこんな暮らしをしていたのだろう、と想像する。正岡子規の『仰臥漫録』や『病牀六尺』などの随筆集を読むと、明治時代の在宅介護のあり方がよくわかります。なんたって、介護されている本人が書いているわけですからね。

私たちはいくつもの人生を生きることはできません。でも、本を読むとさまざまな人生を疑似的に生きることができる。あらゆる時代の、どこの国の人間にもなれるんです。ドラマや映画でもストーリーを追うことはできますが、自分でページをめくって読み進める本は、一番その世界に没入できる気がします。

読書情報誌『波』『本の窓』『ちくま』なんて100円で買える

私は少し、活字中毒なのかもしれません。とにかく1日のなかで、時間があったらなにかの文字を読んでいるんです。夜眠る前には、新聞を読んでいます。朝刊を朝読む時間はないので、夜にまとめて読むのです。

そのほか、『ニューズウィーク』や『文藝春秋』、新潮社の読書情報誌『波』、小学館の『本の窓』、筑摩書房の『ちくま』などを定期購読して読んでいます。『波』『本の窓』『ちくま』などは1冊100円くらいで、定期購読しても年間1000円。お手頃価格で持ち運びやすいサイズだけど、中身は濃くて読み応えがあります。

ネットの記事もよく読みますがやはり、雑誌には雑誌の良さがあるんです。ある程度のクオリティーが保証されていますし、検索ではたどり着けないような思わぬ出会いを運んでくれることもあります。

なにかの分野を学びたいときも、本が便利。体系的に情報がまとまっているからです。ネットの記事は、いろいろなサイトに点在していて、しかもその情報の信頼性もサイトによってまちまちです。それらの真偽を見極め、統合していくのは至難の業。プロが編集した本を読んだほうが、確実でしょう。私がアプリを作った時も、まずは本を読みました。本屋さんにいって入門書を何冊も買い、ある程度読み、一番わかりやすい本を選んだのです。

読んだページは破っちゃえ

最近カバンに入れて持ち歩いているのは、『大人のやりなおし中学数学』という本。240ページあったのですが、今は100ページくらいしかありません。なぜかというと、読んだページを破っていっているからです。勉強すればするほど、本が軽くなっていく。努力が目に見えるようで嬉しいものです。

私の友人には、大きな本を「通勤中に電車で読みたいんだけれど、持ち歩くには重くて」と、カッターで3つに切り分けてしまったひともいます。

これらの話を聞いて、本好きの方は「まあ、乱暴だこと」と卒倒するかもしれません。でも、私はこれが本の本望だと思っているのです。きれいにカバーをかけられ、本棚にしまっておかれて手にとられない本と、読み込まれてぼろぼろになった本。どちらが幸せなのでしょうか。

私は、後者だと思っています。本の著者は、読んでほしくて書くのです。しまっておいてほしかったわけではありません。もちろん、美術品のようにきれいな本は、大事にしまっておくのもいいでしょう。でも大半の実用的な本は、使い倒してこそだと思います。

最近では、電子書籍も活用するようになりました。タブレット端末に何冊も入れておけるのは便利です。旅行のときも、重たい思いをしなくてすみます。

本を刊行する側としては、印刷費を気にせずカラーページを増やせるところがいいですね。たとえば、エクセルアートはカラーでなければ良さを伝えられないけれど、フルカラーの本はものすごく高価になってしまう。そこで、電子書籍で出すのです。表示するだけなら、カラーでもモノクロでも変わりません。

また、私はよく電子書籍で必要なところをプリントします。そうすると、大事なところは紙で保存しておける。メモを書くこともできます。

もちろん、先端技術のような、いわゆる「ナマモノ」はネットで見ています。

とはいえ、紙の本も買いますよ。小説を読むときは、やはり紙がしっくりくるんです。

あと、詩集も紙がいいですね。装幀が凝っている詩集も多いので、物体としての本を愛でる楽しみもあります。先程出てきた数学の単行本などは、読みながら計算を書き込んだりするので紙がベスト。用途やジャンルによって、電子と紙を両方使い分けています。ただ最近、文庫本はいいのですが、単行本はあまり買わなくなりました。図書館の予約の順番をゆっくり待って読むようにしています。都会のマンションは狭いでしょう。置くところがなくなっちゃうのですよ。

読書は私にとって初めての、一生続く趣味だと思っています。そして、あらゆる学びの扉でもあります。本当はもっと、読書の時間がほしいんです。でも今は、仕事が忙しくてあまり時間がとれていません。仕方ないので、本を好きなだけ読むのは、老後の楽しみにとっておくことにしましょう……さて、私の「老後」はいつくるのでしょうか。

第10条

教えることは、学ぶこと

「5週間先生」ってご存じですか?

かつてハンガリーには「5週間先生」と呼ばれる先生がおられたそうです。ソビエト連邦の衛星国家となったときに、ロシア語が必修科目となりました。すると、ロシア語を教える先生がたくさん必要になります。そこで、他の語学を教えていた先生たちが、夜にロシア語の授業を受けさせられたのだそうです。

その先生方は、5週間勉強したら、習ったことをまず生徒に教える。教えながらまた夜学で5週間勉強し、その内容をもとに授業をおこなう。それを繰り返していたのが「5週間先生」だそうです。

私は、なにかを学ぶときはこの「5週間先生」をやるといいと思っています。ある程度学んだら、とりあえずひとに教えてみる。そうすることで、自分がなにを理解していなかったかがクリアになるのです。

知識が腹に落ちていれば、なにを聞かれても答えられますし、応用的なことにも対応できます。でも、付け焼き刃で表面しか理解していなかった場合、ひとから質問をされるとたんにわからなくなってしまいます。ひとに教えることで足りない部分がわかり、次の学びにつながっていきます。

「ひとに教える」という視点が加わると、知識のインプットの仕方も変わります。要点はどこなのか、どう説明すると伝わりやすいか。そういったことを考えながら本を読んだり、先生の話を聞いたりするようになるのです。ひとに教えるには、教えることが1とすると、5や10まで知っていなければいけない。ものの見方が変わります。

教えるとわかる

私も、パソコンを独学で学んだあと、近所のシニアのひとたちに向けてパソコン教室を開きました。独学で学んだことですし、プロの専門講師には到底及ばない知識しかありませんでしたが、それでもみなさんには喜んでいただけました。

年齢が近い分、パソコンに対してどのくらいの知識があるのか、どういうところでつまずきやすいのか、ということがわかるので、わかりやすかったのかもしれません。

教室のあとは、聞かれてわからなかったことや、教えていて気になったところを調べ直す。そうして、自分自身の学びにもなりました。

今は、小さいお子さん向けの電子工作の教室でサポーターをしています。教室の中を歩き、子どもたちの手が止まった時にヒントを出したりする。まわりに比べて作業が大幅に遅れてしまった子がいたときは、少し手伝うこともあります。

私自身、電子工作を専門的に学んだ経験はありません。それでも、サポーターをすると学びが深まるんです。最近のお子さんはしっかりしているので、あまりつまずいたりしませんが、どこがわかりづらいのか、といったことは見えてきます。私自身がちゃんと理解できていなかった部分が、質問されてわかったこともあります。

これから始まる小学校でのプログラミング教育も、先生方が教えるのではなく、生徒がまず学んで、先生に教えるというのはどうでしょう。

というのも、プログラミング教育についての先生向けの会議に参加すると、やはりプログラミングを少し敬遠しておられる先生がいらっしゃるんです。若い先生は柔軟に捉えていらっしゃる方も多いのですが、ベテランの先生はそうもいかないご様子。

長いこと小学校の先生として国語、算数、理科、社会を教えてきたのに、どうして今からまったく新しいことをやらなければいけないのか。そんなふうに戸惑う気持ちもわかりますが、教える先生がプログラミングを楽しんでいなければ、子どもたちにもその気持ちは伝わってしまいます。

それよりはむしろ、コンピューターに親しんで育っている子どものほうが、すんなりとプログラミングの世界に入れます。小学生だと、まだタイピングができなかったり、プログラムに使われる英語が読めなかったりはしますが、今はビジュアルで直感的にわかるプログラミングの教育ソフトがあるから大丈夫です。コンピューターへの命令がブロックのような板をジグソーパズルのように「パチン」とつなぎ合わせるだけで作品を作ることができる。こうしたことは、子どものほうが早く習得していきます。

教えられたり教えたり。独居が豊かになるコツです

教えられたり、教えたり。そういう関係があることは、人生のセーフティーネットになります。だからあんまり、差し伸べられた手を突っぱねないほうがいい。

「自分は1人でいい」「誰の世話にもなりたくない」、なんていっていても、人間は多かれ少なかれひとの世話になるように生まれているんです。お釈迦さまじゃないんだから、生まれてすぐに歩いたりはしないでしょう。たくさんのひとに助けられて大きくなり、

そして亡くなるときだってひとの世話になります。

いまだかつて、自分で棺桶に入り、自分で車を運転して火葬場までいったひとはいません。そこまでいかずとも、体が不自由になって、介護してもらうことになるかもしれない。そうした状況になったときに、いきなりひとに頼ろうとしてもうまくできないもの。頼ったり、頼られたりするのは、人生の中で少しずつ身につけていく技術なのです。

私は少し頼りないところがあるらしく、まわりのみなさんが見かねて助けてくださることがよくあります。それは、普段から苦手なことをオープンにしているからかもしれません。かっこ悪いなんて思わずに、できないことをきちんと認め、ひとに伝えておきましょう。そうすると、困った時にすぐ手を差し伸べてもらえます。「なんでもできる」と思われていると、本当にピンチになるまで誰もあなたのことを気にかけてくれないかもしれません。

会社組織の中で役割が決められていたときはよかったけれど、それがなくなるとうまくひととコミュニケーションできない、なんて話をおじさま・おじいさまから聞くことがあります。本人からだけでなく、そのまわりのひとからも。

確かに、現役時代高い役職に就いておられた方がNPOやボランティアに参加されると、一緒に働くスタッフを部下のように扱ってしまうケースを見ることがあります。本人は無意識なのだと思いますが、「おーい、お茶持ってきて」なんていわれると、まわりは戸惑いますよね。だって部下じゃないんですもの。

もちろん、前職ではものすごく偉い方だったのに、そんな様子は微塵も見せずひとの輪にとけ込んでいる方もいらっしゃいます。ご本人の心構え次第なんです。

人間関係のパターンが「上司」か「部下」しかないと、頼ったり頼られたりするのは難しいもの。そうでない人間関係もあるのだと、頭を少し切り替える必要があります。うまくひとに頼れるようになると、自分のまわりにゆるく穏やかなネットワークができるようになります。ちょっとした頼まれごとをしたり、また自分が頼んだり。そうしたやりとりがあると、日々の生活にやりがいが出てきます。

独居でも、にぎやかに暮らす。山にこもって孤独になるのではなく、地域のみなさんやインターネット上のお友達とつながり、新しいことを学びながら生きていく。そうすれば、年をとるのも楽しいものですよ。

上級編

シニアは、理科と現代社会を学び直そう

戦争ですっぽり抜けた小学校の教育

ここからは「独学のススメ」上級編です。変化の激しいこの時代を、楽しく生きていくために必要な「学び直し」について、お話ししようと思います。

なぜ学び「直さ」なければいけないのか。一つの理由は、私たちの年代は初等教育が一部、あるいはすっぽり、抜けているからです。

私は1935年生まれですが、第二次世界大戦で小学校が機能していなかった時代を

経験しています。私の例でいうと、戦争末期の小学3年、4年あたりは学童疎開で農山村へ学校ごと移動させられていました。

疎開先で一応授業はおこなわれていたものの、1日に1時間程度。ほとんどの先生は兵隊にとられていましたし、ちゃんとした教育がおこなわれていたとはいえません。

でも、私たちはまだよかったんです。たとえば1931年の満州事変以降の「満蒙開拓団」として中国東北部の満州国に渡ったひとたちからは、小学校・中学校に1日もいけなかったひともいた、という話も聞きました。算数を習ったことがないのに、中学生になってからいきなり数学を教えられ、困り果てたなんていう話も。

年代によっては、英語を学校で学んでいないひともいます。敵性語として、使ってはいけなかったからです。野球も「ワンストライク、ツーボール」ではなく、「一良し、二だめ」などといっていました。「アナウンサー」は「放送員」、「七時のニュース」は「七時の報道」。英語を排除するためにわざわざいい換えていたのです。同年代で「英語アレルギー」を持っている方がいますが、無理もないと思います。

「お年寄りの知恵」の裏には科学がある

教科の中でも、我々世代は特に理科の力が低いと感じることがあります。それは、小学校で基礎的なことを学べなかったこともありますし、当時の科学が今に比べればまだ研究が進んでいなかった、ということもあるでしょう。

たとえば、「電池が液漏れしたときは、お酢で拭くといい」と聞いたことがあるかもしれません。それは、アルカリ電池の中の電解液は強いアルカリ性で、それをお酢の酸性で中和できるからなのです。でも、その原理について私たちは習っていない。ただ、「おばあちゃんの知恵袋」的に知っているだけです。発熱することもあるので危ないですけれども。

「実学」として知っているならいいじゃないか、と思うかもしれません。でも、原理を知らないと応用がきかないのです。たとえば、この「電池の液漏れにはお酢」は、マンガン電池には当てはまりません。マンガン電池の電解液は、弱い酸性だからです。

先日、同年代の方から「家電の動きが遅くなったので問い合わせたら『電池のつなぎ方が悪い』といわれたんだけど、どういうこと？」と聞かれました。別に、耄碌しているわけではないんです。これは、今の小学生が必ず習う、電流の直列と並列の問題。でも、私たちは習っていないからわからない。

昔は、家電が家にやってくるだけで、喜んでいた時代です。それが動く原理まで知らなくてもよかったんですね。動かないときは、近所の電気屋さんに連絡したら、すぐにきてくれました。もちろん、自分で内部をいじって直す「機械オタク」のひとも一部にいたと思いますが、大半のひとは「ボタンを押せば動く」くらいの認識だったと思います。

国語や算数（数学）に比べて、理科は内容が革新されやすい。教える内容が昔と今ではガラリと変わっています。だから、私たちシニアがついていけていない、ということもあるでしょう。

たとえば、農業は昔からおこなわれていますが、今の近代的な農業は昔のものと変化しています。使う機械も肥料も、そして品種改良の方法も違います。今の農家さんは、大規模に展開しようと思うなら、バイオテクノロジーなどに詳しくないとやっていけません。これも、大きくいえば「理科」の知識です。

第二の人生、第三の人生で、それまでとは違う仕事に就きたいと考えておられる方も多いと思います。どんな仕事にせよ30年前から、大きく進化、変化しています。それについていくためにも、理科の勉強をしっかりやりたいですね。

座学より、ポケモンGOで遊ぶ孫についていこう

ここで、「習ってないから仕方ない」「習ったことと違うなんて聞いてない」と開き直るのではなく、今から学び直せばいいんです。電池をどうつなげたら電球が光るのか、どういうつなげ方だと明るく光るのか。自分の手でやってみると、よくわかります。

女性は料理をすることで、理科を学んでいるひとも多いのではないかと思います。電

子レンジに銀紙（アルミ箔）を入れて「チン」してはいけない、など体験的に知っている方も多いでしょう。こうした現象の背後にある原理を、実験しながら学べたら、とてもおもしろいと思います。

私は今、工業高校や高等専門学校（高専）などの夏休みに空き教室を使い、シニア向けの実験教室をやることを提案しています。そこの生徒さんに講師や実験助手を務めていただくのです。

理科はやはり、実習で学ぶのが一番。今はユーチューブに優れた学習動画も上がっていますが、やっぱり手を動かすことで理解が深まるのだと思っています。電子工作なども、ぜひ体験していただきたいと思います。

理科を学ぶときに一つ、落とし穴があります。それは、本を読んで満足してしまうこと。ITについてお話をすると、「今はVRだかAR（拡張現実）だかが流行っているんだろう?」と、図書館や本屋さんで何冊か関連する書籍を調達して、「さて読んでみるか」というおじさま・おじいさま。けっこう多いんです。

読んでわかった気になり、「要するにこういうことだろう」と満足して終わりにしてしまっている。でも、それって本当にわかっているのでしょうか。

ARについて知りたかったら、お孫さんが「Pokémon GO（ポケモンゴー）」で遊びにいくときについていけばいいんです。まるで現実世界にいるように見えるポケモンたちをスマホ上で捕まえる姿を見れば、一瞬で「拡張現実」とはどういうことかわかると思います。「Pokémon GO」がなにかわからない？　そういうときは、「ググって（グーグルで検索すること）」ください！

コンビニで外国人店員と働いてみたい

もう一つ学び直さなければいけないこと、それは現代社会です。

シニア世代によるセクハラ、パワハラが問題になってきているのは、社会についての認識をバージョンアップできていないからだと考えられます。

私が若い頃は、上司が通りすがりに女子社員のブラジャーの紐をパチーンと引っ張って、「よっ、頑張れよ！」なんて「啓発」している風景もみられました。それで、モチベーションがアップすると考えていたんですね。信じられないかもしれませんが、本当です。

当時は、アメリカの支店に赴任するひとには、特別に「日本の女子社員にしているようなことを、現地の社員にしないように」といった教育をしている企業もありました。一応、当時から「そんなことが許されるのは日本だけだ」という意識もあったのだと思います。それでも、日本では特に問題にもならず放置されていたわけです。今やったらアウトです。一発退場ものですよ。

こうしたジェンダーや人権に対する意識は少しずつ進歩していて、なにがよくてなにがダメなのかという基準も日々変わっています。

昔は相撲取りや資産家が「お妾さん」を数人持つことは、「社会貢献」くらいに思われていました。でも、今は愛人がいることを公言するひとはいないですよね。

社会の変化を体感するには、やはりさまざまな年代の、異なる背景を持った知り合いを増やすことでしょう。若者が車や出世に興味がないのはなぜなのか、本人たちと話してみればわかるはずです。

そして、できれば外国人のお友達を作ると、さらに視野は広がると思います。日本の、自分の常識が、常識ではないことを痛感させられるでしょう。

私がぼんやり夢想しているのは、いろいろな職業に「留学」することです。1週間だけ、コンビニや居酒屋の店員として働いてみる。そうして、そこで働く外国人店員に、仕事を教えてもらうのです。きっと、たくさんの発見があると思います。

脳みそは「自動更新」できません

社会の主流にいたひとたちは、変化に対して鈍感です。日本はもう、GDP（国内総生産）で中国に2・5倍の差をつけられていますが、いまだに「日本は世界で2番目の経済大国」という意識が抜けないひとを見かけることがあります。データとして目にすることはあっても、実感として頭に入ってこないのでしょうね。

一度インプットしたことを、更新するのはとても難しい。私の15年前に亡くなった母もそうでした。80代の終わり頃、白内障で目が見えにくくなっていたので、手術することをすすめたら「いや、私はあんなおそろしいことはできない」というんです。聞いてみたら、「十何年前に知り合いが手術したときは、10日間も首を固定して絶対安静にしなければいけなかったのよ」と。今は日帰りで手術できるし、安全性も向上しているんだと説得してみましたが、ダメでした。

そういう姿を見ると、「脳みそのアップデートができるといいのに」と思います。「アップデート」とは、ソフトウェアやデータなどを最新のものに書き換えること。パソコンを使っているひとは、ウィンドウズやマックの「OS（オペレーティングシステム）」というコンピューターを動かすための基本となるソフトウェアが更新されるのを見たことがあるでしょう。ああいう形で、頭の中身をアップデートするのです。

できれば、コンピューターのように「自動更新」してくれるといいのですが、脳みそはそうもいきません。いろいろなものを見たり聞いたりして、自力でアップデートしなければいけない。自分の頭の中身のバージョンが古くなっているかもしれない、ということを常に意識して、アップデートを試みましょう。

グーグルに聞けばいいんです

とはいえ、年をとってくると、新しい情報をインプットしたくても、なかなか頭に入ってこないもの。新聞を読んだり、テレビのニュースを長時間見たりしているお年寄りは、たくさんいます。そこではゲノム解析や量子コンピューターなど、最先端の研究の話なども出てきているはずなのですが、話してみると「ぽかーん」とされてしまいます。単語も聞いたことがない、という反応なのです。目にはしているものの、右から左へ流れていっているのでしょう。

またコンピューターに例えると、「ハードディスク」がいっぱいになっているのかもしれません。ハードディスクは、パソコンに内蔵されている記憶装置で、ソフトウェアや作成したファイル、写真などのすべてがそこにしまわれています。それがいっぱいになってしまうと、新しいデータを入れることができません。

そのくせ、シニア世代は学生の時のことなんかをよく覚えていたりする。昔の思い出がいっぱい詰まっているんですね。それはそれで素敵なことですが、ハードディスクのデータの容量には限界がある。新しい情報を入れるには過去のデータを消去しないといけません。でも、コンピューターならまだしも、頭の中はそう簡単にいかないもの。

ちなみに、私はものすごく忘れっぽいです。今日あったことを明日には忘れてしまうくらい。失敗を引きずらないという意味ではいいのですが、覚えておかなければいけないことを忘れてしまうのはちょっとやっかいです。

でも、「覚えられない」「忘れっぽい」としても、大丈夫なんです。そもそも今は、情報過多の時代。現代人が1日に得ている情報量は、江戸時代のひとの1年分、なんていわれています。

私が江戸時代の長屋にいるおばあさんなら、調味料は味噌と醤油と塩と酢だけ覚えていればいい。でも今だったらお酢ひとつとったって、バルサミコ酢だ、ワインビネガーだと何種類もある。スーパーにいったらそれらがズラッと並んでいるわけです。「これってなにに使うんだっけ」と思い出すだけで一苦労です。

でも、脳の容量が情報に比例して増えたわけではありません。江戸時代のひとと頭の大きさは変わらないですもんね。だから、全部覚えるのはどだい無理な話なんです。

であれば、「雲の上」に脳みその分室をおいておけばいいのです。つまり、自分の頭で覚えていなくても、グーグルで検索すればいい。インターネットの上に、たいていの情報はあります。

私は、思い出せないことをなんでもすぐに検索します。今は、音声でも検索できるので、スマホに向かって「イタリア　きゅうりに似ている　野菜」なんて話しかける。そうすると、ちゃんと「ズッキーニ」と教えてくれるんです。

覚えられないのは、自分のせいではない。だから私は気にしません。インターネット上に頭の中身を預けていると考えて、気軽に出し入れすればいいんです。

新しいことを勉強するときも、これからすべて暗記すると思うと尻込みしてしまいますが、その都度調べればいいと考えたらハードルも下がります。

ITは得体の知れない、自分には関係ない技術だと思わないでほしいのです。うまく使えば、きっとあなたの生活を便利に、豊かにしてくれるはず。活用しないのはもったいないですよ。

こういうことを理解するために、理科と並んで現代社会を学び直すことが重要だと私は思っているのです。

介護にITを活用しよう

徘徊する認知症の母を介護して

介護職の人手不足は深刻で、最も採用が困難だといわれています。社会が必要としていることを学ぶのは、みんなから喜ばれます。じつは、高齢者が介護をするのは、介護される側にとっても嬉しいこと。世代間ギャップがなく、意思疎通がうまくいきやすいからです。体力的に難しい作業は出てくるかもしれませんが、精神的なケアの部分で役に立てる場面がたくさんあるでしょう。

私も定年退職してから70歳まで、在宅で母親の介護をしていました。施設におまかせする選択肢がなかったわけではありません。でも、今では自分で介護をしてよかったと思っています。もっとも、うちの母は小柄な人でしたし苦痛を伴うような病気は持っていませんでしたから、介護がそんなに大変ではなかったと思えるのかもしれませんが。

介護こそ、ロボットにやってほしい

介護中、「この業界はまだまだ改善の余地がある」と思っていました。大きな課題は、IT化、「特に情報の共有化」がほとんど進んでいないこと。ケアマネージャーさんやその他デイサービスの担当者などに、母の感染症の検査結果などをお伝えするなんてときには、それぞれに電話をかけなければいけなかったんです。

関係者内のメーリングリストや、LINEなどのコミュニケーションツールでグループを作れば、一度送るだけでいっぺんに共有完了です。そうしたコミュニケーションに慣れていると、電話やファクスで個別にしか連絡できない介護の世界は、あまりにも前時代的に感じます。

介護こそ、今後は積極的にＩＴ化を進めるべき領域です。このほか、手頃な値段で借りられる家庭用の介護省力化用のロボットもぜひ早く使えるようにしてほしいです。シニアの勉強会で、「これからは介護士さんの手がさらに足りなくなる。外国人の介護士さんをもっと受け入れるか、ロボットの技術を発展させてロボットにやってもらうか、どちらがいいですか？」とアンケートをとったら、なんと9割以上の方が「ロボット」と答えました。

最初は意外に感じましたが、よく考えてみると理由がわかります。気兼ねしなくていいからです。

たとえば、さっきトイレにいったのに、またトイレにいきたくなってしまった。でも一人でトイレにいくことができない。そうした頻尿の方は、何度もひとにお願いするより、近くにいるロボットを操作するほうがはるかに心理的負担が小さいですよね。

食事の際に、手元がおぼつかなくてなにかを倒したりこぼしたりしたときも、ロボットは「またやったの！」なんていったりしません。思いすらしないのです。文字通り、機械的に片付けをして終わり。それはとても精神衛生上いいことだと思います。私自身も自分がお世話になるなら、ロボットのほうがいいですね。

AIスピーカーはシニアの将来の救世主

ロボットの介護はまだ先の話だとしても、これからすぐ普及すると思われるのが「AIスピーカー」です。「AI？ そんな最新機器使えないよ」なんて思わないでください。これこそ、我々シニアの救世主となるのですから。

AIスピーカーのなにがすごいかというと、パソコンやスマホみたいに、操作手順を覚える必要がないこと。ただ話しかければいいんです。「明日の天気は？」と聞けば、天気予報のデータを勝手にサーチして「明日は晴れです」と音声で答えてくれる。使い方を習う必要がないのです。

テレビをつける、電気を消す、カーテンを開ける、メールがきているかどうか確認する……。将来的には電気器具だけでなく扉や窓、家具や調度品なども連携して設定することで、こうした日常の動作をＡＩスピーカーに話しかけるだけで全部やってもらえるようになります。寝たきりになって、口しか動かせなくてもＡＩスピーカーは使えるのです。こんなにシニアにピッタリの家電があるでしょうか。

今はまだ、言葉の解析や音声認識の精度がそこまで高くないので、「すみません、お役に立てそうもありません」といわれてしまうこともあります。でも、日進月歩で技術が進展しているため、将来的にはモゴモゴとしゃべってもちゃんと聞き取ってくれるようになるでしょう。

こうした、スピーカーのような「もの」と「インターネット」が合体している商品・サービスのことを「ＩｏＴ（Internet of Things）」、モノのインターネットといいます。モノのインターネットは、これからどんどん普及して、冷蔵庫や洗濯機もインターネットにつながるかもしれません。拒否感を持たず、ＡＩスピーカーあたりから慣れていくことをおすすめします。

とはいえ、解決すべき問題はたくさんあります。パソコンやスマホでインターネットを使うのとは違い、サイバー攻撃や個人情報漏れなどから火災などの事故に巻き込まれる危険もあるからです。こうした安全面に十分に配慮しないと深刻な被害が発生する恐れがあります。

シニア世代向けのＩｏＴとして昔からあるのは、見守り機能つきの電気ポットでしょうか。いつポットを使用したか、いつお湯を沸かしたかということが、メールでご家族に送られる。当時はこの程度しか安否確認の方法がなかったのです。

しかし、今は「安否確認をしたいなら、デジタル媒体を使って本人が意思表示をするのが一番いいと思います。なにかあった時にすぐに連絡できる状態にしておく。そうした場面でも、声だけで反応してくれるＡＩスピーカーは有用だと思います。

誰でもそうですが「いつも誰かに監視されている」というのは、あんまり気分のいいものではありません。できるのであれは自分からＳＯＳを発信したい。

自分では、意思表示できない状態でも、もう少しスマートに安否確認ができるといいですね。

ＡＩスピーカーだけではありませんが、とかくシニアは新しい機器を見ると欠点ばかりが目につくようです。しかし、こういうものの進歩は早いのです。今できなかったことも、すぐにできるようになります。

ＩＴと介護、両方に詳しいひとが求められている

ＡＩスピーカーは、使うのは簡単なのですが、最初の設定だけは少し難しいかもしれません。そこだけはＩＴに詳しいひとにやってもらうといいでしょう。

そこで私は、たとえば「介護情報士みたいな方がおられたらいいな」と思うのです。ＡＩスピーカーやロボットなど、介護に役立つＩＴ機器の初期設定と使い方の指導ができるひと。ＩＴと介護の両方に詳しい介護士さんです。

一口に介護といっても、各ご家庭によってニーズはさまざまです。被介護者の耳が聞こえていて、お話もできるならＡＩスピーカーはとても有用。でも、うまく声が出せな

い場合もあるかもしれません。手が動くなら、手元で操作できる機器のほうが便利です。それぞれの事情を聞き取って、最適なＩＴ環境をセッティングする。そういう能力があるひとが、今後の介護の世界で必要になるでしょう。

これからは、ＩＴ企業で働いていたひとがリタイア世代に入ってきます。そうした自分の知識を、介護の領域で活かしてほしいのです。

ＩＴやＡＩ、ロボットの技術が発展したら、家にいながらＶＲで世界旅行が楽しめたり、足が不自由になっても機械を装着して楽に歩けたりするようになるかもしれません。科学技術は、年をとることに伴う不自由から私たちを解放してくれるんです。

若い頃、テレビの人気番組に「I Love Lucy」というアメリカの人気コメディーがありました。その登場人物のなかに、Lucy さんの友人で万事「進んでいる奥さま」がおられた。彼女の家では「窓を開けて頂戴」というと、実際に窓が開くのです。シャワーというとアタマからお湯が降ってくる。――こんな風景は現実にはないと誰もが思っていたからコメディーになったのですね。今や、これが日常になりつつあります。

そこまで進んでいなくても、家にいながらネット上のお友達とおしゃべりしたり、遠くにいる孫の写真がフォトフレームに送られてきたり。こんなことは、私が子どもの頃には考えられませんでした。ＩＴは孤独をやわらげてくれます。

こうした社会の大きな変化を体験できているのは、とても幸せなことだと思います。ロボットと一緒に生活する日がくるなんて、ワクワクしませんか？　変わることをおそれずに、楽しむこと。積極的に学ぼうとすること。それが、これからのＩＴ社会に適応して豊かに生きる秘訣です。

対談

人生60歳を過ぎると楽しくなります

茂木健一郎（脳科学者）
×
若宮正子

もぎ　けんいちろう
１９６２年東京都生まれ。東京大学大学院理学系研究科物理学専攻博士課程修了。脳と心の関係を探究し続けている。『脳と仮想』（小林秀雄賞）、『今、ここからすべての場所へ』（桑原武夫学芸賞）ほか著書多数。

世界の大舞台にグーグル翻訳で臨む

茂木 僕も若宮さんのゲームアプリ「hinadan」をやってみたんです。

若宮 まあ嬉しい。いかがでしたか。

茂木 意外と苦戦しました。スマホの画面で、お雛(ひな)さまを正しい位置に並べるというだけのシンプルなゲームなのにね。男雛と女雛を最上段に置くことくらいはわかるけど、三人官女や五人囃子(ばやし)になると、もうお手上げで。

若宮 その点、私たち「おばあちゃん」は、小さい頃から段飾りを見ていますでしょう。茂木さんのような若い方よりもうまくできて、優越感が味わえるという仕掛けなんですよ。

茂木 55歳（対談当時）の僕が若い方かあ（笑）。失礼ですが、若宮さんはおいくつなのでしたっけ。

若宮 まだ、82歳（対談当時）です。

茂木 「まだ」！　いいなあ。もう一つ、「hinadan」をプレイしていて新鮮だったのは、ゲームによくある「あと何秒」という表示がないことでした。

若宮　年寄りは、急かされるのが苦手ですから。

茂木　確かに、「hinadan」は、マイペースで遊べますね。

若宮　シニアが苦手なフリック（画面をはじくようにする動作）やスワイプ（画面を一方向にすべらせる動作）も使わず、タップ（ポンと押す動作）だけで遊べるようにもしました。

茂木　なるほど、そうでしたね。

若宮　そんなふうに、時計に急かされず、手順も簡単なシニア向けのアプリがないかなあと私自身が探していたのです。でも見つからなくて、その分野に詳しい友人に「作ってよ」と頼んだら、「自分で作ればいいでしょう」といわれてしまって（笑）。それが、ゲームアプリを開発する最初のきっかけでした。

茂木　えっ、じゃあプログラミング（意図した処理をおこなうようにコンピューターに指示を与えるプログラムを作ること）を始めたのは、何歳ですか？

若宮　81歳です。

茂木　それはすごい。確か独学なんですよね。

若宮　はい。それまでも、表計算ソフトのエクセルで文様のアートを描いたりしていたので、軽く考えていました。でも、プログラミングを一から学ぶのはけっこう大変。「アプリを作りたい」という目標があったから、参考書を読んだり友人に教えていただいたりして、コツコツ半年かけて完成させました。

茂木 2017年2月、そのアプリをアップル社に申請して公開したとたん、「世界最高齢のプログラマー」と、海外でも注目されるようになった。

若宮 日本の新聞の記事を、CNNの方が見て、ニュースサイトで取り上げてくれたんです。

茂木 僕はその時のエピソードが大好きで、周囲の学生や学校関係者に「日本の今後の教育への、すばらしいヒントがある」と話しているんです。CNNからのメールには、「今日のネット配信に間に合わせたいから、2時間以内に返事をくれ」とあったんですよね。もちろんすべて英語で。

若宮 ええ、だけど私たちの世代は英語が敵性語だった時期がありますでしょう。書くのも話すのも、苦手なんですよ。

茂木 戦後生まれでも、不得意なひとがまだまだ多いですけどね(笑)。だからこれまでの日本人だったら、「正しい英語でないと恥ずかしい。どうしよう、どうしよう」とあたふた悩んでいるうちに、2時間過ぎちゃったと思うんですよ。でも若宮さんは、「グーグル翻訳」を使った。これはパソコンやスマホにコピー&ペースト（画面上の文章を選択してコピーし、別の画面へ貼り付けること）をすれば翻訳してくれるアプリです。

若宮　私は海外旅行が好きなので、以前からけっこう「グーグル翻訳」にはお世話になっていました。

茂木　それで若宮さんはすぐ、グーグル翻訳で相手の質問を日本語に訳し、日本語で書いた返事をまた英語にして、ちゃんと締め切りに間に合わせてしまった。

若宮　もちろん機械翻訳だから多少おかしなところもあったでしょうけど、報道機関の方なら、こちらのいいたいことは推測してくれるだろうと思って。

茂木　そもそもネイティブのひとは、正しい文法だのスペルだのって、そんなに気にしていませんか。つまり、英語なんてそんな程度でいいんですよ。得意ならそれに越したことはないけれど、今の時代、英語は一つのオプションに過ぎません。そこに本質があるんじゃない。大事なのは、海外から問い合わせがきた時、とっさにグーグル翻訳を使って返事を書いちゃう行動力、そして発想の柔軟さです。

若宮　子どもの時から好奇心旺盛というか、おもしろそうと思ったらすぐやってみたくなってしまう性分なんですね。

茂木　さらにＣＮＮのニュースがきっかけで、世界のアプリ開発者が集まるイベント「ＷＷＤＣ」に招待されたり、ニューヨークの国連本部で英語のスピーチもなさったそうじゃないですか。

若宮　ＷＷＤＣの会場では、アップル社ＣＥＯのティム・クックさんとお会いできたのが嬉しかったですね。シニアユーザーの気持ちを伝えるチャンスと思って、「指先が乾燥するとスマホがうまく反応してくれないから、改善してほしい」と、通訳さんを通して一生懸命お話ししてきました。

茂木　クックさんの反応は？

若宮　「あなたから大きな刺激をもらいました」といって、優しくハグしてくださったんですよ！

茂木　若者からお年寄りまで、「英語なんてその程度でいい」と思うひとが増えれば、日本は大きく変わります。２０２０年にはオリンピックで海外からのお客さんも増えるし、社会のグローバル化もますます進んでいくでしょう。「自分は英語なんてできない」と尻込みしてはいられない。

若宮　なせばなる、話せば伝わる、の心意気ですね。

パソコンを始めたのは60歳

茂木　そもそも若宮さんがパソコンを始めたのは、いくつの時なんですか。

若宮　60歳で定年退職するちょっと前からです。若い方に「ずいぶん遅くに始められたのですね」といわれるのだけど、私が定年を迎えたのは1997年ですから。それ以前には、パソコンがあまり普及していなかったのですよ。

茂木　そりゃそうだ。（笑）

若宮　銀行の営業や企画の仕事をしていた時はひととの接点が多かったのですが、退職後に高齢の母と2人暮らしになったら「ひとと話す機会がなくなってしまう」と不安になって。ちょうどその頃、パソコンを使えば知らないひと同士でコミュニケーションが楽しめるという記事を読み、「私もやってみたい！」と思ったのです。

茂木　1990年代の初め頃には、現在のSNSに繋（つな）がるような、同じ趣味を楽しむコミュニティーサイトはたくさんありました。

若宮　コミュニティーサイトの多くは若いひと向けでしたが、その中に「エフメロウ」という、シニアの集まるパソコン通信のサイトがあったのです（現在も「メロウ倶楽部」として活動中）。そこへ入会したときに嬉しかったのは、ウェルカムメッセージに「人生60歳を過ぎると楽しくなります」とあったこと。60歳からでも楽しくなるなら、70歳はいったいどうなるのかしらって。（笑）

茂木　その予感は、まさに大当たりだった。

若宮　その活動を通じて、私は生涯の大切なお友達がたくさんできました。今もその方々とお友達になっていただいてます。私の人生の宝です。

茂木　すばらしいですね。

若宮　俳句の部屋（部屋＝コミュニティーサイト上のカテゴリー）や都々逸（どどいつ）の部屋に参加して楽しんだり、パソコンについても、ビデオの編集を覚えて自分なりにいろいろ遊ぶようになりました。

茂木　リタイア後の人生が、パソコンでどんどん充実していったのですね。

若宮　シニア向けのサイトですから、人間が歳をとって病を得て、あちらの世界に旅立っていく。そうしたずしっと重い内容がじっくり語られているシーンもあるんですよ。メロウ倶楽部には「生と死」という部屋があって、他では語れないシニアならではの本音をぶつけて話をします。たとえば「介護をしているお姑さんのことが嫌い。嫌いなひとの世話をするのがつらい」と、毎日のように書き込んでくるひとがいます。書き込むことで、気持ちがスッキリするのでしょう。

茂木　家族にいえないことも、サイトでは思い切り発散できる。

若宮　さらにそこへ、「自分は介護を受けている身の上なのだが」というひとが出てきて、そのひとなりの苦労や、どういったことが嬉しいかなどを書いてくる。お互いに顔も本名も知らないから、本音で語り合えるのではないでしょうか。

茂木　インターネットの特性を生かした、とても有意義な活動だと思います。

若宮　あるとき、92歳の男性の会員から「医者があと余命3か月だといっている」という書き込みがありました。「最初それを聞いた女房はまだ事態の深刻さがぴんとこなかったのか、女房が年賀状を予約した。けれど、取り消そうか悩んでいるようだ」「ところが、いよいよ病状が進んで長くないと知ると、あのケチな女房が、デパートで3万円もするお節を予約した」といった話を続けていました。これが最後の正月だと思ったのでしょう。あるとき「マーチャン（若宮さんのハンドルネーム）、世話になったな」「メロウ倶楽部の発展を祈る」「このまま書き込みがなかったら、オレは死んだと思ってくれ」と連続して投稿があったのが、最後になりました。

茂木 一種のターミナルケアの役割を、インターネットが果たしたわけですね。

若宮 また、これもある男性の会員なのですが。病気が重くなった時、深夜に「ドロ沼に沈んでいく気がする」と書き込みがあって。それに対して他の会員が「事情はわからないが、メロウ倶楽部のみんながついている」と返事をしたら、それですごく落ちついてくださったという例もありました。

茂木 ブータンでは国民総幸福量（ＧＮＨ）について、数年に1度、大規模な調査をおこなっています。その調査によると、人間の幸福度はお金や社会的な成功よりも、周囲のひととの絆が左右するという結果が出ています。仕事をリタイアしたり、家族の介護などで家に閉じこもりがちなシニア世代は、できるだけひととつながっていたほうがいいんです。メロウ倶楽部のやりとりは、すごく会員のみなさんのＱＯＬ（クオリティー・オブ・ライフ）を上げていると思います。

ネット社会ならではのゆるい人間関係

若宮　私は本当に、友達運がよいのです。国連に呼ばれたときも、ちょうどニューヨークが大寒波の猛吹雪。交通機関も止まっていると聞いて、とても心細かったんですね。そのとき、30～50歳代の友人たちが、「82歳のマーチャンを、そんなところへ一人でいかせるわけにいかない！」と、自発的に応援団を作ってくださいました。有給休暇をとって、ニューヨークまで一緒にきてくれた方。空港に迎えにきてくれた方。マイレージを使って、当日にサンフランシスコから駆けつけてくれた方もいました。

茂木　応援団のメンバー同士は、若宮さんの知り合いというだけのつながりなんですか。

若宮　はい、初対面の方もいらしたと思います。ですからフェイスブックでグループを作って、密に連絡を取り合いました。現地でも、原稿の英訳や発音練習にギリギリまで付き合ってくださったり、当日の国連へのお土産にと手縫いの人形を作って家に届けてくださった友人もいました。それぞれの方が、自分のできる範囲でサポートしてくださったことに、すごく感動しましたね。

茂木　ネット社会ならではの、ゆるやかな人間関係がおもしろい。

若宮　現地の移動には、友人が教えてくれたUber（ウーバー）（ウェブサイトかアプリを使った配車サービス）を使いました。スマホに日本語で「国連まで」と打って翻訳し、画面を見せたらちゃんと伝わりました。国連への手続きがうまくいかなくて、夜中にスカイプで詳しいひとに相談したりも。

茂木　ＩＴフル活用で、国連でのスピーチという大冒険を乗り切ったんですね。

若宮　サポートしてくださった友人たちのおかげだと、本当に感謝しています。

茂木　そうした若宮さんの行動にも、僕は次の時代の大きなヒントがあると思います。コンピューターをはじめ、スマホもタブレットも、使い方さえマスターすれば、シニアにとって非常に便利な機器です。たとえば画面を拡大すれば目が見えにくくなっても、文字情報にアクセスしやすくできる。情報端末として使えば、ネット通販やタクシーの予約などに活用できます。その中でも特に、若宮さんのようにコミュニケーションを広げるツールとして、シニアとＩＴは相性がいいでしょう。

若宮　ただＩＴ機器は、次々と新しい機能が出てきますから、一人で覚えるのは大変。指南してくれる、家族や友人の存在が欠かせないと思います。あるいは地域に「お助けマン」のような方がおられるとよいのですが。

茂木 自立した生活をしていても、「一人にならない」ことが大切なんですよね。たとえばアメリカの心理学者が発表した研究では、「社会的孤立は、喫煙やアルコール摂取と同じくらい健康リスクを高める」とされています。

若宮 孤立すると、脳に刺激がないからでしょうか。

茂木 ひとのコミュニケーションは、猿でいうと毛づくろいの行動に相当すると考えられます。猿の場合、毛づくろいをお互いにして関係を深めると、脳の中でβ-エンドルフィンが分泌されます。β-エンドルフィンは幸福感を増すと同時に、免疫系の作用を高めることがわかっています。ひとは毛づくろいはしないけれど（笑）、ネットでひとと密につながっているひとは、β-エンドルフィンが活発に分泌されていると推定されるわけです。

若宮 確かに、私は心臓に少し持病があるくらいで、おかげさまでとても健康です。かかりつけのお医者さんともフェイスブックでつながっていて、国連のスピーチがニュースになったあとで診察にいったら、「ご活躍ですね。僕ともツーショットで写真を撮って」とお願いされました。（笑）

茂木　若宮さんが元気でハッピーなのは、周囲のひととよい人間関係を築いていることも大きいんじゃないかと僕は思うなあ。

出会い系サイトだって悪いことばかりじゃない

若宮　「hinadan」を作ったのは、私が理事を務めるNPO法人ブロードバンドスクール協会のイベント「電脳ひな祭り」でお披露目したいというのがきっかけでした。仲間がいるから、ひらめきのヒントも生まれるのではないかしら。

茂木　ネットワーク科学には、家族のように身近で強い絆も大事だけど、SNSなどを通じた遠くて弱い絆が、そのひとにとって有用な新しい情報を運んでくれるという研究があります。老人会でちまちま近所の噂話に興じるだけじゃなく、ネットの世界を通じてシニアがゆるやかに繋がる社会が理想的でしょう。

若宮　ご近所のひととは、毎日顔を合わせていても、「今日はいいお天気ですね」くらいの決まり切った会話しかしませんよね。顔を合わせたことはなくても、介護しているひととされているひとが本音をぶつけ合っているメロウ倶楽部のほうが、よほど深い会話をしていると思います。

茂木　おっしゃる通りです。

若宮　ネットについて、メディアが「詐欺」や「炎上」などネガティブな情報で不安を煽りすぎるんですよ。それは薬でいえば、効き目より副作用ばかり取り上げるのと同じじゃないでしょうか。たとえば、メロウ倶楽部で会員の男性が突然に、「あああああ」「ああああ」とばかり、何回も書き込んできたんですね。それを見た他の会員が、「もしや脳梗塞の初期症状かもしれない」と気がついて。電話をしてみると、案の定、呂律がまわっていなかったそうです。

茂木　電話ができないし、キーボードでも文章が打ち込めなかったんですね。

若宮　さらに、会員の奥さまでお医者さんがいて、地元の消防署に連絡してくださって救急車を手配することができました。

茂木　インターネットが、救急救命に役立ったわけですか。

若宮　たとえば出会い系サイトだって、危ないとかいかがわしいという情報ばかりが目立ちますが、それが縁で出会って幸福な結婚をしているカップルも絶対に大勢いると思うんですよ。

茂木 82歳の女性から、まさかの出会い系サイト擁護発言（笑）。若宮さんと話していると、つくづく「○○らしさ」こそが「脳の敵」なんだと実感するなあ。子どもは天真爛漫でいるのが「らしさ」だから、なんでも自由にやるじゃないですか。それが大人になると、抑制がかかっていることが「らしさ」になる。じつは20代以降になると、100歳を超えようが、脳の働きはほぼ変わらない。逆に「歳だから」「シニアはシニアらしく」と枠にはめることで、そのひとの可能性を抑圧してしまう。

若宮 透明なガラスの網みたいなものをかぶって、その中に閉じこもっているひとも、まだ多いのかもしれません。私の知り合いでも、「ピアノを習いたいけれど、70歳だから無理」と諦めているひとがいます。人生100年時代なのだから、今から始めても30年は楽しめるのにと、私は思ってしまうのですが。

茂木 『原爆の図』などで知られる画家・丸木位里さんの母親である丸木スマさんは70歳、その娘さんの大道あやさんは60歳を過ぎてから絵を描き始めて、2人とも院展（日本美術院展）に入選するなど画家として高い評価を得たという例もあります。いくつになっても、能力が開花する可能性はあるんです。

若宮　日本は25歳あたりで学校を終えたら、それ以降は勉強する機会も少ないですし、学ぼうという意欲も生まれにくいのかもしれません。

茂木　確かに日本は、ＯＥＣＤ（経済協力開発機構）に加盟する36か国のなかで、「マチュア・ステューデント」といって、成人になってから大学に通うひとが非常に少ないんです。萩本欽一さんや菊池桃子さんなど、ぽつぽつ現れてはきていますが。

若宮　人生１００年時代という話題が出ると、若いひとから「えーっ、私はそんなに長生きしたくないですよ」なんていわれることもあります。でも、茂木先生がおっしゃるように「いくつになっても学べる、才能は開花する」と考えていたら、長生きが楽しみになりますよね。

茂木　人間の脳は、「今ここ」を楽しむことによって最も活性化されます。「今ここ」を楽しむことに関しては、5歳の子どもも、１００歳のひともまったく同じです。

若宮　１００年生きることがこわいというひとは、「健康を損ねてからも生き続ける」ことへの恐怖があるのかもしれません。私の「メロウ倶楽部」の仲間には、25歳から現在まで車椅子生活のひとがいますが、そのひとは大好きな映画のサイトを運営して、ずっといきいきと楽しそうに活動しています。もちろん健康でいることは大切ですけれど、若い頃に比べて、多少足腰が弱ったり健康に不安が出ることが、すべて悲劇につながるわけでもないと思うのですよ。

茂木 先日亡くなったスティーヴン・ホーキング博士も、常に宇宙のことを考えて幸福に生きていた。ケンブリッジで何回かお見かけしたけれど、いつもご機嫌で電動車椅子をぶんぶん走らせていましたよ。

若宮 目に浮かぶようです。

茂木 人間は、「今ここ」を楽しんでいると、結果、免疫系が刺激されて健康になるし、幸福感も高まるんです。

若宮 ところが日本のシニア世代の考え方は、「先憂後楽」というんでしょうか。先に苦労をしておけば、後によいことが待っていると思いがちでしょう。健康のために好きなものを食べるのを我慢したり、老後資金を貯めようと楽しみを諦めてしまったり。けれども、「後楽」がいつまでたっても訪れずに、「後憂」になってしまうことだって、人生ではありえますよね。（笑）

茂木 将来の健康のために今苦しむよりも、好きなことをしていたら、気がついたら健康だったというほうが、人生は間違いなく充実すると思います。

ヒントは「体験」にあり

若宮 「らしさ」の話でいうと、私は高校を卒業してから60歳で退職するまで銀行勤めでしたが、まったく銀行員「らしく」なかったのですね（笑）。当時の銀行員は、仕事が早くて正確で、仕事に文句をいわないひとが高く評価されていました。ところが私は、お札を早く正確に数えることも、そろばんも苦手な落ちこぼれ。有給休暇をとっては、ふらふら旅行へいってしまうし。けれどそのうち銀行でも、計算業務は機械がするようになりました。すると私みたいな、新しいもの好きな人間が、営業や企画の分野で重宝されるようになったのです。

茂木 ＡＩ（人工知能）が進化すると、事務的な作業は機械がやってくれるようになります。そうなった時、人間が担うのは、コミュニケーションや創造的なこと。つまり「遊び」に近くなってくるでしょう。好奇心や冒険心といった、「子ども心」を忘れないひとが社会で求められるようになる。その意味でも、若宮さんはパイオニア、最初のビックウェーブだったわけですね。

若宮 そうですか。私が変わったというより、まわりが変わった印象です。

茂木 アメリカの大企業が今最もほしがる人材は、オンラインゲームで複数のユーザーと協力し合って一つの目的を遂げる、戦略ゲームの達人だそうです。僕の友人の息子にも、数百人のユーザーを指揮する有名な将軍役がいるのだけど、なんと彼はまだ8歳。でもその将軍の役が、82歳の若宮さんでもおかしくないわけ。

若宮 日本で今問題になっているのは、技術も知識もトップクラスの若い学生たちが「作りたいプログラムがない」と悩むことだそうです。

茂木 作りたい意欲ねえ。そればっかりは、ひとから教えられて身につくものではないからなあ。

若宮 でも、中学生・高校生がスマートフォン向けアプリの開発を競う「アプリ甲子園」では、とてもユニークですばらしいアプリが発表されているようです。たとえば2016年に優勝したのは、17歳の高校生が「認知症の曽祖父のために、靴に埋め込んだGPSによってユーザーがどこにいるかわかるようにするアプリ」でした。

茂木 ひいおじいちゃんが徘徊をして、家族が困っていたのでしょうね。それを助けたいという意欲が、アプリの開発につながった。

若宮　その前の年には、食物アレルギーを持つ妹のために小学生が、海外旅行で外食をするときになにを頼んだらいいか困った経験をもとに、レストランの食事にアレルゲン（アレルギーの原因物質）が含まれているかを多言語で質問できるアプリを作って優勝しています。

茂木　そこにあるヒントは、「体験」だと思います。もちろん海外にいけってことではなくて（笑）、毎日の生活で、なにが必要か、なにがあったらもっと生活が快適になるかを体験のなかで考えるということが大事。

若宮　机の前で勉強しているだけでは、発想が浮かんでこないでしょうね。

茂木　身の回りの小さな問題を、プログラミングによって解決する。自転車もこぎ始めはきついけれど、走り出したらだんだん楽に楽しくなるように、最初の小さな成功体験が次の意欲につながっていくのだと思います。

若宮　小学校のプログラミングの授業も、そういう小さな嬉しさがたくさんあるといいですね。

「独学」が成功の秘訣

茂木 じつは、人類史上初めてのプログラマーが、女性だってご存じですか。

若宮 そうなんですか?

茂木 エイダ・ラブレスという、19世紀のイギリス貴族の女性です。詩人として知られるバイロン卿の娘で、本人は数学がすごく得意だったんですね。彼女は「コンピューターの父」と呼ばれるチャールズ・バベッジと師弟関係にありました。バベッジがコンピューターを数学の計算だけに使おうと考えたのに対し、エイダは今でいうコンピューターグラフィックのような、幅広い分野に応用できるという発想を持っていた。そういう、非常に興味深い女性です。なぜ彼女の話をしたかというと、「女性は機械も数学も苦手」というイメージも思い込みでしかなくて、最初にプログラミングの可能性を開いたのも女性だったということなんです。

若宮 私も、「よく勇気がありましたね」といわれるのですが、たとえばバンジージャンプならともかく（笑）、開発ソフトは無料で手に入るので特別のお金がかかるわけではない。うまくいかなければやめればいいだけですし、特に気負いもなかったんですね。

茂木　若宮さんが成功したもう一つのポイントが、「独学」にあると僕は思います。「百ます計算」で知られる陰山英男さんも、「これからの教育のカギは『脱・学校化』だ」とおっしゃっています。かつては学校の中でしか学べなかったけれど、今後は、学校へ通うのは選択肢の一つになるでしょう。学びたい意欲さえあれば、道はいくらでもあるからです。

若宮　アプリを作った時も、基本的なことは、ネットで情報を集めました。それでもわからないことだらけ。復興支援のお手伝いの時に知り合った宮城県在住の「コンピューター大好きなお兄さま」に教えていただきました。そうしたお仲間が、全国にたくさんいるんです。

茂木　ネット用語でいうところの、「ググれ（まずはグーグル検索で調べろ）」ってことですよね。それでもわからなければ、その分野に詳しい猛者たちがいるコミュニティーに飛び込んでいって質問をすれば、大概のことは解決できる。そうした若宮さんのふるまいが、イマドキの小中学生とまったく変わらないことが、じつにおもしろいと思うなあ。

若宮　メロウ倶楽部では「マーチャン」というハンドルネームを使っていますが、匿名でいることで、年齢も国籍も経歴も関係なく、フラットなお付き合いができる。それもインターネットの素敵なところだと思います。

茂木 日本の男性シニアが、リタイア後に元気がなくなったり、キレやすい老人になってしまうのは、役職や肩書きというコミュニケーションの「軸」が失われてしまうからだったりします。

若宮 私は以前住んでいた町で自治会の役員もやってきましたが、町内会や老人クラブに男性はあまり顔を出さないし、出てきても文句が多い印象ですね（笑）。「ラジオ体操がうるさい」とか「保育園を作るな」とか、自分の要求ばかり。

茂木 でも「メロウ倶楽部」のお仲間は、ずっとフラットな関係を楽しんでいますよね。若者でもシニアでも関係なく楽しめるインターネットの世界は、究極の「アンチエイジング」といえるんじゃないかな。

若宮 年齢以外にも、たとえばアップル社にアプリの申請をした時、性別欄が「男性・女性・その他」となっていたことに感動しました。

茂木 アメリカの、特にシリコンバレーのカルチャーは、性別といった属性と関係なく、そのひと自身を評価する。つまり「らしさ」の壁が、イノベーションの「敵」になることをわかっているからでしょう。

脳が喜ぶことを

若宮　「hinadan」はおかげさまで、ダウンロード数が9万を超えました。シニアはもちろん、スマホの操作に不慣れな方からも、「こういうゲームを待っていた」とお褒めいただくのが嬉しいです。

茂木　若宮さんは、自分がコンピューターで楽しく遊ぶだけでなく、コミュニティーサイトの世話人を引き受けたり、シニア向けのパソコン教室を開いたりするなど、誰かの役に立つ活動も続けているでしょう。

若宮　もともとお節介な性分で。

茂木　それは脳にとって大事なこと。「利他性」といって、他人のためになにかしている時の脳活動は、自分が嬉しい時と同じなんです。逆に、人間の脳にとって最大の危機は「自分が必要な人間と思えなくなる」こと。子どもが独立した後のお母さんや、定年退職したお父さんが元気を失くすのは、そのためです。

若宮　「世界最高齢のプログラマー」として注目していただいたことで、ITに限らずさまざまな分野で、シニアが本当に望んでいることを自ら発言する機会も増えました。たとえば今後、介護の現場にAIが入ってきた時に、シニアが使いやすい入力方法はなにかとか。私はたぶん、音声入力がいいと思うんです。

茂木　AIと、会話を楽しむようにね。

若宮　プログラミングについても、これからの時代は「一億総プログラマー」というか、誰もが「自分のためのプログラミング」ができる世の中になっていったらいいなあって。

茂木　若宮さんが、自分が楽しく遊べるゲームアプリが見つからなくて、じゃあ作ってみようと思ったように。

若宮　たとえばシニアの事情でいうと、白内障の手術をしたひとは、何種類もの目薬を一定の時間をおいて注さなければいけません。それをアプリにしておいて、「○時になりました、青いフタの目薬を注してください」「○時です、目の消毒をしてください」と教えてくれたら便利ですよね。でもそうした服薬指導は医療関係者の仕事だから、もしアプリを作ったひとがいても公開はできないそうなんです。

茂木　なるほど。

若宮　でも、ご主人が目薬を忘れがちなのを心配した奥さんが「お父ちゃんのために」とプログラミングしてあげるのは大丈夫。そういう、「初心者が簡単に自分のためのアプリを作れるアプリ」を、開発していただけないかと思うんです。究極的には、スピーカーに向かって「こういうアプリがほしい」と頼むと、人工知能があれこれ試行錯誤してぴったりのアプリを考えてくれる。そんな世の中になったら楽しいと思いませんか。

茂木　そうした発想も、自分や周囲のひとが実際に経験したことから生まれていますよね。若宮さんはプログラミングだったけれど、どんな分野でも、新しい経験をして自分の可能性に気づき、それを人生に生かせた時、脳は喜びます。

若宮　「脳が喜ぶ」という感覚、とってもよくわかります！

茂木　絵を描くことでも、楽器を演奏するのでも、料理でもボランティアでもなんでもいい。今の世の中はいろいろな活動の可能性がありますし、学びの機会もたくさんある。その糸口を見つけるためにも、一緒に楽しむ仲間を見つけるためにも、インターネットが役立つことを若宮さんが示してくれました。

若宮　私は本当に今、充実した幸せな毎日を送っています。この楽しさをみなさんにもお伝えする活動を、今後も続けていきたいと思っています。

茂木 「世界最高齢のプログラマー」に刺激を受けて、知らない世界へチャレンジしてくれるひとが年齢を問わずどんどん増えていったら、世の中もっとおもしろくなると思うなあ。

若宮 私も82歳。興味を持ったことにはどんどん飛び込んでいくつもりです。

茂木 今日は本当に楽しい時間でした。

若宮 こちらこそ、ティム・クックCEOではありませんが、たくさんの「刺激」をいただきました。ありがとうございました。

（『婦人公論』2018年4月24日号に掲載した対談に、紙幅の都合上、掲載できなかった箇所を大幅に加え、全体を再構成したものです。）

兼好『徒然草』（島内裕子校訂・訳、ちくま学芸文庫）、
加地伸行『論語』（角川ソフィア文庫）を参考にしました。

ラクレとは…la clef=フランス語で「鍵」の意味です。
情報が氾濫するいま、時代を読み解き指針を示す
「知識の鍵」を提供します。

中公新書ラクレ
655

独学のススメ

頑張らない！「定年後」の学び方10か条

2019年5月10日初版
2019年6月10日再版

著者……若宮正子

発行者……松田陽三
発行所……中央公論新社
〒100-8152 東京都千代田区大手町1-7-1
電話……販売 03-5299-1730 編集 03-5299-1870
URL http://www.chuko.co.jp/

本文印刷……三晃印刷
カバー印刷……大熊整美堂
製本……小泉製本

Published by CHUOKORON-SHINSHA, INC.
Printed in Japan ISBN978-4-12-150655-9 C1295

中公新書ラクレ　好評既刊

L633 老いと孤独の作法

山折哲雄著

人口減少社会、高齢社会を迎えたいまこそ、人間の教養として、「一人で生きること」の積極的な意味と価値を見直すべきときではないか。歴史を振り返れば、この国には老いと孤独を楽しむ豊かな教養の伝統が脈打っていることに気づくだろう。西行、鴨長明、芭蕉、良寛、山頭火……。宗教学者として、日本人のさまざまな生と死に思いをめぐらせてきた著者が、みずからの経験を交えながら、第二の人生をどう充実させるかを考える。

L649 入門！自宅で大往生

——あなたもなれる「家逝き」達人・看取り名人

中村伸一著

人の最期は、〝延命か否か〟の簡単な二元論ではない。食べられなくなったとき、息ができなくなりそうなとき、心臓が止まりそうなときはどうすればいいのか。同居家族がいない場合は。かかりつけ医との付き合い方は……。「家逝き」を望む本人と看取る側は何に備えればいいのか。「村」唯一の医師として在宅医療、介護、看取りを支援してきた経験から四つの「家逝き」の極意を伝授する。国が推進する在宅時代の現実的な「解」を提示する。

L651 続・孤独のすすめ

——人生後半戦のための新たな哲学

五木寛之著

人は本来孤独を恐れるべきものだろうか。あるいは、孤独はただ避けるほうがいいのか。私は孤独の中にも、何か見いだすべきものがあるのではないかと思うのです。（中略）孤独の持っている可能性というものをいま、私たちは冷静に見つめ直すときにさしかかっているようにも感じるのです（本文より）。——30万部のベストセラー『孤独のすすめ』、待望の続編！世に流布する「孤独論」を退ける、真の「孤独論」がここに完成した。